大是文化

台股大崩壞
操作術

我在台股實踐景氣循環理論，
不管牛市或熊市，順勢挖出大漲 5 倍股！

以 76.3% 報酬率
傲視證券業的冠軍操盤人

黃嘉斌

——著——

跟著景氣循環買，
每個時期都能賺！

景氣復甦初期
降低風險

- 有基本價值支撐的價值低估股
  先找股價淨值比小於 1，再參考歷史股價淨值比區間。

- 有現金股利保護的高股息股
  先找股息殖利率 ≧ 6%、股價淨值比 < 2，再等股價貼低淨值時買進。

- 漲幅驚人的轉機股
  有富爸爸加持，或是更換 CEO，例如：采鈺（6789）、台康生技（6589）⋯⋯。

進入繁榮期後
反守為攻

- 連續 3 年成長 3 成、有特殊競爭力的成長股
  例如：上品（4770）、元太（8069）。

- 成長率每年增加的飆股
  例如：中美晶（5483）、合晶（6182）都飆過。

走入景氣泡沫期
快、狠、準

- 短線操作為主
  當買股理由消失時，就立刻離場。

- 空頭搶反彈，題材股是王道
  以 1 年的時間來找題材，4 月至 6 月有股東會行情，年底則有作帳行情。

目錄

第 **1** 章 下一個台股循環，即將展開

第 **2** 章 跟著循環走，
每個時期都能賺

第 **3** 章 何時該保留現金，
何時該 All In ？

推薦序一
股價跌得讓人心碎滿地，
卻是最佳買進時機

《我用波段投資法，4 年賺 4 千萬》作者／陳詩慧

　　這是一本對剛進股市的新手，或是像我這樣、在股海 20 年的投資人，都很適合的一本書。因為作者把所有投資時會遇到的危機，都一一詳細解說，保護著大家，度過股災與種種的危機。

　　他提到，股市危機處理是贏家最後的決戰點。這點我非常的認同。股市老手都知道，一次的獲利是暫時的，只有能夠在每次金融危機、股市風暴中化險為夷、倖存下來，做好資產配置，長久穩定收益、累積財富，才是真正的贏家。

　　想讓獲利撐竿跳的人，我尤其推薦你細看「活用融資三心法」，讓自己的資金在多頭時放大。就像 50 公斤的你，知道如何運用支點，抬起 3 千斤的石頭，對於有融資經驗的我，這一章節閱讀起來心有戚戚焉。反之，在空頭時保守以對，出清融資，手上持股全部換為現金持有，以減少斷頭與繳更多高額利息。

　　舉例來說，2022 年初股市大好時，市場出現很多航海王、鋼鐵人，融資槓桿很大，後來股市急跌，很多人遭斷頭、繳不出違約金，而有了信用瑕疵。作者在寫這部分的描述與作戰方法，

心態穩健分析局勢，很適合剛開始想嘗試融資的投資朋友們，先做好心理建設，遇到風險才能掌握可以承擔的損失。

另外，如今美元指數（按：衡量美元在國際外匯市場匯率變化的一項綜合指標）創新高，通膨、升息、俄烏戰爭、疫情……好多黑天鵝、灰犀牛，在現在這個當下如何投資呢？作者提到跟著景氣循環來投資，方能避過股災。

總體經濟如樹幹，若能觀察到經濟循環多頭來時，將手上現金看準投入，就算擺一隻豬在風口上，也能如風箏飛起來。例如2017年新臺幣不斷升值，外資不斷的匯款來臺3,700多億元，這是多頭的象徵，股市也跟著起漲。此外，80％的勝率跟著總經景氣循環，跟著GDP（Gross Domestic Product，國內生產毛額）走是一個很好的觀察點，剛好切中現在這個環境時機，因此本書的第二章很值得細讀，很符合現在的大環境與股市。

事實上在這段時間，我有閒錢就不斷的買進台積電（2330），台股從萬八到萬三，很多股價都腰斬，但是台積電從680元跌到450元，跌了3成，外資持股比率從8成降到7成，但主力仍都還在，累計營收年增率高達43.51％，有三率三升（按：毛利率、營業利益率、稅後純益率三者皆成長）的特質，所以當大盤由空轉多時，它也會衝得更快。

於空頭股票跳樓大拍賣的現在，其實正是很好的買進時機，雖然台積電股價450元讓人心碎了滿地，但這也是個撿便宜的機會，不是嗎？

推薦序二
抓住週期循環，讓獲利順勢翻倍

財經作家、主持人／詹璇依

　　隨著全球進入後疫情時代，人們脫下口罩回歸正常生活，金融市場也宣告因為熱錢堆出來的牛市派對正式結束，不只美股歷經跌入熊市，而死貓彈（按：股票投資用語，又稱死貓式反彈，指股價大幅下跌後，一時的小幅回升）之後，隨著一次次的消費者物價指數（CPI）數字出爐，不只加深美國聯邦準備理事會（簡稱聯準會）的升息決心，更奠定不惜讓經濟陷入衰退的大前提，導致美股道瓊指數創下 7 年來最長季跌。臺灣儘管通膨不如歐美嚴重，不過從位階來看，從萬八高點持續下修至萬三，跌幅已逼近兩成。

　　這場因疫情、通膨、供應鏈重組、俄烏戰爭、地緣政治緊張、各國政局動盪所形成的全球性經濟危機前所未有，有如多重器官衰竭；不過在充斥著壞消息的空頭市場，每當有人問我該怎麼辦時，我總會回答：「要持續留在市場，千萬別恐慌性賣出。」因為每一次回頭看，低點經常是最佳買點。甚至當你進一步掌握股市的牛熊循環，獲利機率就大幅提升。

　　我曾經替黃嘉斌老師的《養股，我提早 20 年財富自由》寫過推薦序，當時在個股的知識學習上獲益良多，如今這本《台股大循環操作術》更適合初入市場的投資人，從更綜觀、全面的方式去理解景氣循環如何影響股市。

　　俗話說：「股市是經濟的櫥窗。」我們在研究投資理財的路上，常會對照許多經濟指標，有的是先行指標，有的則是落後指標，但都有其參考性，只是一般投資人難以快速掌握。黃老師從多個易懂的面向，像是景氣燈號以及房地產的新屋開工，或是庫存數字等指標，教導投資人如何判定景氣循環的位置；同時也剖析了在最壞的時候進場，該選擇的就是龍頭公司，一來無須擔心領導廠商會倒閉，二來當景氣回升時，絕對是最快受惠的對象。

　　金融市場還流傳著一句話：「知道買股票是徒弟，會賣股票的才是師父。」一語道出賣出的重要性。在這本書中，黃老師用 2 指標、5 訊號教投資人掌握賣股良機，第一個訊號就是看景氣領先指標變化，另一個則是看 GDP；甚至當某檔個股的目標價多次被調高，或是媒體報章有顯著喊利多的時候，反倒是要站在空方的角度去看待接下來的行情，趁機調整手中持股。

　　台股在走了 10 年的大多頭之後，如今在全球系統性風險之下，也跟著步入熊市。閱讀這本書，我們能夠複製黃老師的成功術，學會如何透過多空循環，在不同波段間搶先布局，並且在股災中實現財富自由的獲利機會。

作者序
投資股市，從看懂景氣循環開始

　　投資股市其實有邏輯順序，首要之事，是從研判多頭、空頭開始，然後才是產業分析、公司營運分析、技術分析、籌碼分析等，為了選出好的投資標的而做的各項事前研究。但是大多數投資人最忽略的，卻反而是對股市的多空研判，究其原因就是「看不懂」行情。

　　其實研判股市多空，沒有想像中那麼艱深，只要依循著景氣循環的軌跡，並不難理解，真正困難的地方，是我們通常「見樹不見林」。一直以來，我將「態度決定高度，格局決定結局」這兩句話當成座右銘，也不斷勉勵自己要站在制高點看世界，只有站得夠高，才能看得夠遠、窺得全貌，股市也是如此。

研究產業，才能發掘到好股票

　　經常有人問我對行情多空的看法，我總是**建議對方改用「月K線」觀察加權指數**，這樣大概就可以看出七、八成的正確性。

景氣循環不會一覺醒來就豬羊變色，加權指數絕大多數情況也是如此，一個小的循環週期動輒 3 年至 5 年，如果只用日 K 線圖看加權指數，很容易犯了只見樹木不見林的毛病。但是反過來說，一個長期趨勢的形成，是由無數個短期因素慢慢累積而成，因此當然也不容忽視短期變化，所以在研究的過程中就必須有層次，一方面「由上而下」，同時另一方面「由下而上」，再慢慢將兩邊接軌起來，縮小誤差，這樣才能更精確尋得多空的轉折點。

這本書最早於 2010 年 10 月完成初版，開宗明義的告訴讀者，要放棄自詡為「經濟學家」的研究與言論，多花時間在產業研究，這樣才能發掘到好投資標的，從股市中賺到大錢。2008 年金融海嘯過後，市場上存在太多似是而非、自詡經濟學家的言論，如果當下理解，一個長達 17 年至 18 年的房地產循環結束後，接下來可是動輒十餘年的多頭循環（雖然期間會出現 3 個月至 6 個月的小修正期），既然如此，何須心存猶悸，應該全力選股作多才是！經過這十餘年的驗證，產業趨勢、主流族群或有更迭，但結果是加權指數算算多增加了一萬多點。

2022 年 1 月 5 日當天，台股指數來到最高的 18,619 點，然後轉折向下開始修正，當時憶起曾於 2018 年 10 月，在智富學堂所開的「養股私房班」課程中預測，2021 年 12 月至 2022 年 1 月將出現轉折向下的景氣（股市）收縮期，同時也預判了這次收縮期至少有 11 個月的時間，換言之，2022 年底到 2023 年第 1 季轉折向上的機會頗濃。時至今日，指數也修正了將近 5,000

點（按：本文寫於 2022 年 9 月），市場耳語紛飛，將此次修正比擬為新一波金融海嘯、完美風暴等時有所聞，個人倒不認為如此悲觀。

2023 年值得期待，2024 年後的修正要小心

衝擊股市與經濟的源頭，來自於過高的通膨（上次發生 5% 以上的消費者物價指數〔CPI〕已經是 1990 年以前的事），但是經濟成長力道依舊強勁，關鍵在於願意犧牲多少經濟成長率（用升息的手段），來換取 CPI 的下降。換言之，金融體系的根本所受到的衝擊尚且有限，遠遠比不上 2008 年金融海嘯，因為房地產崩盤引發資產全面性泡沫化這般嚴重，所以這次的經濟調整雖然嚴峻，應該屬於小型存貨循環（按：關於存貨循環，詳見第 1 章第 4 節）與大金融海嘯之間的規模，修正期間約 11 個月至 15 個月之譜。

儘管如此，當修正過後，再度進入多頭循環之際，也切不可太過樂觀，因為美國房地產循環高峰應該就在 2022 年至 2023 年了，進入收縮期的房地產循環，對新一波存貨循環擴張力道削減不少，所幸檢視房貸品質，美國投資人有了金融海嘯的經驗，貸款多半採取固定利率，所以近期飆高到 6.29%（2022 年 9 月 22 日的數據）的 30 年期房貸利率，只是讓投資客望而卻步，對於持有者傷害有限，尚不至於釀成重大傷害。而檢驗過往的幾

次循環週期，房地產循環高峰過後，股市約略落後 18 個月至 24 個月才伴隨反轉向下，到那時候（2024 年之後），房地產景氣恐陷入成交量萎縮低迷的狀態（但此次應不至於崩跌），自然對於經濟影響不容小覷。

　　2022 年的空頭走勢已無庸置疑，2023 年至 2024 年上半年是值得期待的小型存貨循環擴張期，股市也可望迎來好消息，是投資人要好好把握的機會。緊接而來的修正，只怕時間與空間皆甚於 2022 年的空頭循環。

以階段性選股策略，迎接下一個多頭循環

　　股市有多、有空，在書中也討論了空頭之中的資產配置策略，活用「階段性選股」策略擬定資產配置計畫，我也基於此身體力行，因此在 2021 年第 4 季開始退出成長股的配置，將大部分資金移往生技產業，幸運的避開股災，還創造出遠勝於以往的報酬率。2023 年若是再度進入一個多頭循環，那麼階段性選股策略所提出的方法，不失為值得參考的布局方向。

　　從 2008 年的金融海嘯，到 2010 年全球步入穩健的景氣擴張期，如今到了 2022 年，再次進入修正期，我在這些不同的期間裡，著眼的核心議題也不一樣。2008 年著重在風險管理與危機處理，2010 年則是落實一位投資者必須身體力行的「經常性選股策略」工作，至於眼前這個階段，善用階段性選股策略，不

僅可以避開這次的股災，並在績效上有所斬獲，更是迎接未來投資時很值得參考的方法。這也是我再次撰寫、整理本書的目的，期望可以提供個人近 30 年的心得，給予有志於股市投資的同好者一些幫助。

第 1 章

下一個台股循環，
即將展開

抓對循環，
我成功躲過兩次金融風暴

　　台股在 2017 年 5 月進入萬點之後，長達 3 年一直在萬點上下徘徊。2019 年底新冠肺炎爆發，世界各國無一倖免，台股卻在 2020 年 4 月開始一路飆升，直到 2022 年初衝上萬八後才回檔。全球景氣看似逐漸復甦，但隨之而來的升息、通膨又讓投資人心生警戒……。

　　近年來台股的震盪看似沒有章法，讓投資人難以判斷什麼時候可以進場，什麼時候該抽回資金。但其實股市的漲跌有其循環，只要掌握循環的規律，就能躲過金融風景，提升獲利，而我就因為抓對循環，成功躲過了 2008 年的金融海嘯及 2018 年超過千點的修正。

　　2008 年 9 月 15 日雷曼兄弟宣布破產，引發骨牌效應，全球股市都應聲倒地，台股也在隔天 9 月 16 日大跌 295 點，開盤就摜破 6,000 關卡，寫下 2005 年 10 月以來新低紀錄。

　　但這並不是台股當年最嚴重的下挫，早在 520 總統就職後，大盤就已從高點 9,309 點開始進入主升段的回檔，原本眼看即將

重啟升段的走勢，然而雷曼兄弟事件讓這一段走勢直接消失。

其實我在 520 之前，就已經透過循環規則判斷行情位置，認為台股主升段行情應該差不多要拉回修正了，因此在 2008 年初就出清手中股票，結果成功避開金融海嘯造成的這波大跌。

10 月過後，我開始準備迎接下一次的多頭市場，當時指數已經跌至逼近 4,000 點，還有人提出要到 2,000 點才會止跌，但為什麼我敢進場呢？因為根據歷史統計，5,000 點以下已經是台股的超跌區，只要時間過了，股價就會回來。此外，從大盤的融資餘額、日成交量，到個股的本益比（Price-to-Earning Ratio，簡稱 PER 或 P/E）、股價淨值比（Price-Book Ratio，簡稱 PBR 或 P/B），都分別創下歷史新低與新高的紀錄；而根據經濟合作暨發展組織（OECD）領先指標、國際貨幣基金（IMF）、全球主要國家經濟預測等，都發現全球主要國家的 GDP（國內生產毛額，詳見第 1 章第 5 節）落底時間，都大約會落在 2008 年第 4 季與 2009 年第 1 季之間，最慢也不會超過第 2 季。

於是，我在 12 月發現不少電子股開始落底翻揚時，就決定進場，事後證明，這一次的投資策略空前成功，讓我完全享受到 2009 年台股從谷底翻揚 1 倍的美好利潤。

相信循環規則，躲過下跌千點的修正

第二次成功預測，是在 2018 年 9 月時，我應雜誌社的邀請，

開設講座講養股，當時在課堂上提出警訊，預期景氣將進入一波
小型存貨循環的修正，結果隔月台股指數就重挫超過 1,600 點，
原因是升息與美中貿易戰的開打。

　　在課堂上我對學員們講授，如何把分析景氣循環運用在股市
多空頭研判時，直接預測未來兩次循環週期的軌跡，說到若是事
後驗證能精準吻合預測軌跡，那麼這套分析工具就有存在的價
值，也不枉我二十多年的研究心得，若能傳承下來，便是我在證
券投資領域留下的貢獻。當時我也確實依循自己的研判預估，
並且確實執行，結果便是避過了 2018 年 10 月的那一波 1,600
點修正。

　　當時所有經濟指標都從高峰反轉向下，不過供應鏈「去中
化」的結果，卻是讓臺灣受惠於轉單效應，低潮只有短短一季就
結束，進入 2019 年後，大盤迅速復甦上來，進入新一波存貨循
環的擴張期，經濟表現之亮眼，登上亞州四小龍之首。當時預估
這次景氣循環週期到 2020 年的第 1 季達到谷底，然後再次開啟
新一輪的景氣循環擴張期，估計循環高峰將落在 2021 年 12 月。

順應循環、策略選股，獲利 6 倍

　　課堂上研判的第二個循環軌跡，是 2021 年底將再次進入股
市轉折的高風險期，而這次的修正預期最大的風險，就是升息的
灰犀牛與 GDP 成長趨緩。進入升息循環時的股市修正，威力不

圖表 1-1　台股從 2022 年初一路下挫

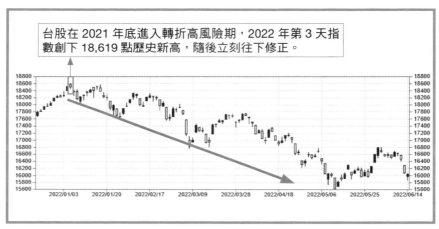

台股在 2021 年底進入轉折高風險期，2022 年第 3 天指數創下 18,619 點歷史新高，隨後立刻往下修正。

資料來源：台灣股市資訊網。

容小覷，持股內容與資金配置都必須大幅度的調整，而我也在 2021 年第 4 季開始轉換持股方向。

　　事後證明台股走向也符合我當時的預測，進入 2022 年後連續兩天開紅盤，第 3 天的加權指數創下 18,619 點的歷史新高，但隨後又立刻往下修正，當天以下跌收盤，之後雖然指數起起伏伏、忽漲忽跌，卻開始出現股價上漲時成交量低，股價下跌時卻又量高，這種不利於行情推升的量價背離現象。

　　2022 年 1 月 12 日，美國公布 2021 年 12 月消費者物價指數高達 7%，超乎預期水準，接著 2 月 10 日再公布 1 月分的消費者物價指數持續攀升至 7.5%，同樣高於原本預期的 7.3%。兩

圖表 1-2　美國各月分消費者物價指數

公布日期	指數月分	公布值	預測值
2022 年 7 月 13 日	2022 年 6 月	9.10%	8.80%
2022 年 6 月 10 日	2022 年 5 月	8.60%	8.30%
2022 年 5 月 11 日	2022 年 4 月	8.30%	8.10%
2022 年 4 月 12 日	2022 年 3 月	8.50%	8.40%
2022 年 3 月 10 日	2022 年 2 月	7.90%	7.90%
2022 年 2 月 10 日	2022 年 1 月	7.50%	7.30%
2022 年 1 月 12 日	2021 年 12 月	7.00%	7.00%

資料來源：美國勞工局。

財經筆記

消費者物價指數

　　反映與民生相關的商品價格所統計出來的物價變動指標，是衡量通貨膨脹的主要指標之一。一般定義超過 3% 為通貨膨脹，超過 5% 就是比較嚴重的通貨膨脹。

灰犀牛

　　由美國政策分析師米歇爾‧沃克（Michele Wucker）提出，指已經存在、發生機率大、顯而易見卻被忽視的危機事件，一旦爆發後應變時間極短，且會造成重大災難。因為犀牛的身型龐大、行動緩慢，容易讓人誤以為安全無害，而疏忽其若是狂奔起來，將極具破壞力。

週後黑天鵝現身，2月24日俄烏戰爭爆發，大盤打破多空對峙的局面，多頭指數開始大幅下修，接著全球紛紛對俄羅斯進行經濟制裁與軍援烏克蘭，隨著戰事擴大、時間延宕，能源、糧食危機浮現，導致全球通膨高漲難以收拾，歐洲受害尤其嚴重，通貨膨脹飆高至雙位數。

　　為了抑制居高不下的通膨，聯準會的升息時間表，從年初預估以每次1碼的幅度達成全年7碼的目標，一路攀升到預期全年達到11碼至13碼的水準，成為衝擊股市最大的灰犀牛。各方效應加成之下，台股加權指數也就隨之一路走弱，跌至13,273點的低點，一共下跌5,346點，跌幅達28.7%（2022年10月3

圖表1-3　藥華藥（6446）股價圖

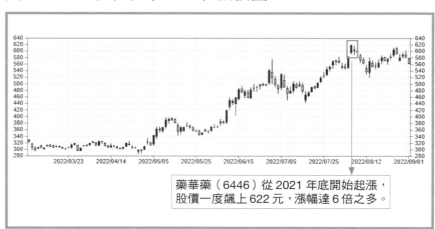

藥華藥（6446）從2021年底開始起漲，股價一度飆上622元，漲幅達6倍之多。

資料來源：台灣股市資訊網。

日的數據）。

　　因為早已預測從 2021 年開始陸續進入收縮期，所以我在 2021 年第 4 季決定開始調整資金與選股配置，並且嚴格遵守「階段性選股策略」的原則，即是避開成長股（是這個階段的票房毒藥），選擇具備籌碼優勢、轉機股、健康醫療類股、公共建設、民生必需等產業，因為在轉折期時，這些類股在這個階段的股價表現，將優於大盤指數。

　　在符合這些原則條件之下，我選中生技產業作為資金落腳處，除了因為有政府政策性支持，還加上國內生技公司於未來幾年陸續開花結果，掛牌公司數量已經僅次於電子股，就在股價位於 100 元附近時買入藥華藥（6446），2022 年的績效交出一張不錯的成績單。

金融海嘯再次來襲，這回你準備好了嗎？

　　2022 年出現的股災，許多後見之明的人開始說這是「完美風暴」，並且比擬 2008 年的金融海嘯。但其實對照過往的景氣循環週期，無須如此恐慌，2022 年的股市重挫，應該是存貨循環與資本支出循環（按：關於資本支出循環，見第 1 章第 4 節）同時由高峰轉折修正的結果，至於 2008 年金融海嘯，則是根源於房地產的崩潰，加上與房地產連結的衍生性金融商品所致，在龐大的槓桿之下，自然掀起難以阻擋的海嘯。

　　然而，此次的修正雖然不意外（在 2018 年第 4 季提出預測），但規模也不小，不妨參考 1997 年時的主升段結束修正，也就是這次的股災，其實相當於東南亞金融風暴等級的修正。現階段投資人應反思的，是接下來的末升段行情將至少 6 個月，甚至長達 12 個月至 18 個月的規模，只是下一次的存貨循環結束時，接踵而來的便極可能才是「金融海嘯」等級的修正。

　　這次的循環收縮期預期應會在 2022 年底，或遲至 2023 年第 1 季告一段落，接著將開啟新的景氣擴張期，股市也當邁入一波多頭。如何掌握這次大循環的最後一次多頭，該注意哪些徵兆與訊息？我都會在後續的文章中，分門別類仔細拆解我的操作心法。下一個台股循環即將展開，你準備好了嗎？

台股跟人一樣，
10 年走一個大運

　　相書上說，人的命，10 年走一個大運，台股也同樣是 10 年走完一個大運（循環），20 年出現「轉骨」，投資要想避禍趨吉，必先了解台股的 10 年大運。

　　我們來對比過去 10 年的金融重大事件，會發現許多有趣的現象：比如 1998 年發生亞洲金融風暴，2007 年有次級房貸的問題；1998 年 8 月份發生 LTCM（美國長期資本管理公司）倒閉事件，2008 年美國也發生「二房事件」。時隔 10 年發生的事情相仿，只是理由各異而已，10 年景氣大循環似乎暗藏著歷史的規律。

　　若從經濟面拉回來看股市走勢，從 2007 年的高點 9,859 點，對應 1997 年的 10,256 點為中心點，會發現，1991 年至 2000 年循環的台股加權指數月線圖，與 2001 年至 2010 年循環的走勢（見下頁圖表 1-4），型態上有異曲同工之妙，連時間軸的曲線都相差無幾。

　　再往右看，1998 年 9,378 點的右肩逃命波，對應 2008 年也

圖 1-4　台股每 10 年的走勢幾乎一致

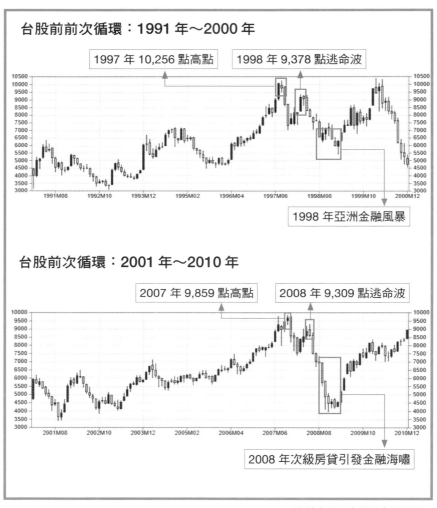

資料來源：台灣股市資訊網。

圖 1-5　台股本次循環：2011 年～ 2020 年

雖然整體走勢是從 9,000 點一路飆升至逼近 15,000 點，但期間仍可看出上升段及修正期，不超出循環的規律。

資料來源：台灣股市資訊網。

同樣出現 9,309 點的逃命波，每個轉折點，跨過 10 年的時空，居然都有著奇妙的呼應。換言之，懂得分析已知的循環，便能有效抓到行情上揚的契機，也能事先避開每幾年總一定會報到的大熊市。

觀察 1：對照景氣循環找規律

台股在不同的時期，卻有相同的 10 年大運走勢，並不是機緣巧合，追根究柢，背後的推動力就是「景氣循環」的力量。

先從 1990 年至 2005 年的走勢來看（見下頁圖表 1-6），股市的最高峰來自於網際網路興起所產生的動能，當時充斥著「這

是新經濟、一個新的產業革命,這次和以前不同,景氣不再有循環」的氣氛。不過,雖然當時 IT 產業的蓬勃,將全球景氣推向高峰,但新經濟最後卻仍難逃循環的宿命,擴張期(按:從景氣低點到景氣高點這一段期間)並未因而延續更久,依舊在 1997年後修正達 1.5 年的時間,再創造出最後的泡沫,然後畫下句點。

當然我們從不否認網際網路帶來的巨大影響,只是股市還是會跟隨景氣,在擴張期、收縮期交替形成的循環中,反覆上演起

圖 1-6　1990 年至 2005 年景氣循環對照台股循環

第8次循環
1990年8月至1996年3月

第9次循環1996年3月至1998年12月 ➝

本次循環高峰為 1995 年 2 月,
台股收盤落在 6,509.33 點。

伏的戲碼。

2003 年第 3 季的 SARS（嚴重急性呼吸道症候群）過後，景氣在 2004 年第 1 季達到高峰，約1年後結束第 11 次景氣循環。隨後再次進入擴張期（見下頁圖表 1-7），時間一直延續到 2007 年中達到高峰，接著盛極而衰，總體經濟循環進入收縮期，這時候許多壓抑多時的弊端一一爆發，從次級房貸、到歐洲債信危機等，這些經濟問題的背後，其實都反映前一個成長階段所必須付

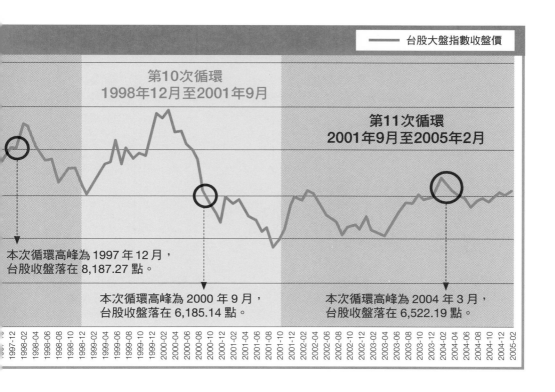

台股大盤指數收盤價

第10次循環
1998年12月至2001年9月

第11次循環
2001年9月至2005年2月

本次循環高峰為 1997 年 12 月，
台股收盤落在 8,187.27 點。

本次循環高峰為 2000 年 9 月，
台股收盤落在 6,185.14 點。

本次循環高峰為 2004 年 3 月，
台股收盤落在 6,522.19 點。

出的代價，最後則以第 12 次景氣循環結束，重回谷底。

　　在度過次級房貸金融海嘯之後，全球經濟開始強力復甦，其中中國市場的急速成長，是推動景氣非常大的助力，而臺灣在 2010 年 ECFA（Economic Cooperation Framework Agreement，兩岸經濟合作架構協議）簽訂後，吸引外資及在外資金回流，推動台股上揚，在 2014 年第 4 季達到高峰。

　　2015 年中國股市失速崩盤，一度 3 個月重挫 45％，同時歐

圖 1-7　2005 年至 2022 年景氣循環對照台股循環

第12次循環
2005年2月至2009年2月

第13次循環
2009年2月至2012年1月

本次循環高峰為 2008 年 3 月，
台股收盤落在 8,572.59 點。

本次循環高峰為 2011 年 2 月，
台股收盤落在 8,599.65 點。

洲出現債務危機，相當於所有未到期歐元區主權債出現負收益率，直到當年度 12 月歐洲央行決定延長購債項目期限，才逐步解決，期間連帶影響美股及台股，在第 2 季至第 3 季進入修正期，當時雖然許多投資人認為是「股災」，但期間並不長，僅半年時間台股就再站穩腳步，之後一路攀升至萬點以上。直到 2018 年美中貿易戰開打，再加上美國升息，台股也再度修正，接著在全球經濟「去中化」的現象，臺灣受惠於轉單效應，使得

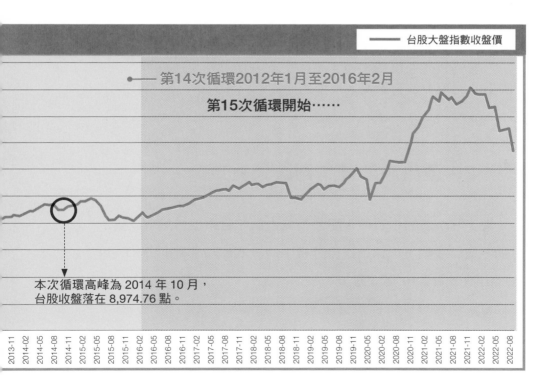

台股大盤指數收盤價

第14次循環2012年1月至2016年2月

第15次循環開始……

本次循環高峰為 2014 年 10 月，
台股收盤落在 8,974.76 點。

台股再墊高一階，開啟以萬點為底部的新循環。

　　台股不僅具備 10 年週期現象，每隔 18 年、約當 2 個 10 年的周期會出現更嚴重的修正，2008 年因為房地產所引發的金融海嘯，所以股市修正幅度更甚於 1997 年的東南亞金融風暴，升級為全球性的金融海嘯。我們在認知經濟與股市所具備的時間循環特性之外，要更進一步分析不同循環的本質，如此才不至於錯估行情的規模，選擇錯誤的時點進出市場。

財經筆記

軟著陸
　　指經濟在過度擴張後，平穩的回到適度增長的區間，且回穩的過程中沒有出現大規模的通貨緊縮和失業現象。

觀察 2：運用波浪理論判斷大盤走勢

　　當了解循環的本質後，配合景氣走勢，股市也會呈現一定的脈動，這時我們可以採用技術分析中的波浪理論來輔助分析，就能捉出股市的「10 年大運」。

　　波浪理論可以幫你規畫股市的初升段、主升段到末升段的循環規律，而時機點的掌握，就可以透過 GDP。例如，2009 年金融風暴落底，要抓起漲點的話，不是 3,955 這個最低點，而是

4,164 點，為什麼呢？因為它落在 GDP 最低的時候。

　　不過，運用波浪理論時，在判斷上常會出現困難，是因為行情會碰到特定的重大利多或利空而產生「雜訊」，雜訊會干擾循環，使行情可能漲得更高或跌得更低，卻不會改變循環，否則在時間序列上，就會亂了套。

　　大循環抓出來後，必須配合一些時間序列的轉折，與景氣循環的轉折相對應，就能清楚了解，轉折的地方在哪裡會做頭？哪裡會探底？之後便能透過情境模擬，去看是否相對應，譬如在某個點有沒有跌破一些重要支撐？或是發生異常現象？

　　利用這類方法慢慢去對應，初升段起點會在哪裡？如何看初升段的回檔幅度來預判主升段的行情？主升段方向又會怎麼走？該布局哪些股票、資金又該如何配置？末升段要怎麼做？如何在宴會謝幕前從容離場？只要掌握住大方向，循環就逃不出你的手掌心！

3 分鐘看懂波浪理論

　　波浪理論認為，人是自然界的一分子，因此，結合人的集體行為後，所反映出來的結果，將與大自然一樣，呈現出一定的規律性。因此波浪理論主張，股價波動無論趨勢的大小，都遵循 5 波上升與 3 波下跌的規律，而這樣的規律，正適合應用於大盤的研判。

第 1 波：初升段

此時景氣仍混沌，但低檔買盤不弱，公司大股東或特定消息靈通人士，已從訂單預知景氣回春與公司營運好轉的徵兆，開始默默增加持股。**轉機股**在這一段最活躍。

第 2 波：第 1 波的修正波

初升階段景氣未明，市場持股信心還不高，部分投機買盤在賺到短線利潤後，或者前一波套牢者，將在此刻殺出股票，導致股價回檔修正。

第 3 波：主升段

景氣復甦跡象已確認，市場追價信心加強，股市多呈現價量具揚的狀況，績優股是本波帶領指數上攻的主力，依波浪原理，第 3 波的漲幅不可以是 3 個上漲波段中最小者。

第 4 波：第 3 波的修正

依波浪原理，第 4 波的低點不可低於第 2 波的高點，此即所謂「2、4 不重疊」的原則。

第 5 波：末升段

此時市場人氣已沸騰，走勢轉趨投機，投機股與落後補漲股為本波的重心，波浪理論規定，第 5 波的漲幅最少要與第 1 波

相當。

a 波修正：初跌段

　　景氣未露明顯疲態，但股市已領先下挫，並跌破一些重要技術觀察關卡，對投資人而言，應在跌勢形成前出場。

b 波：反彈

　　後續的 b 波反彈高點，有可能超越第 5 波末升段的高點，形成多頭陷阱。

c 波：主跌段

　　景氣不佳的訊息已彌漫，利空消息層出不窮，投資人爭先恐後殺出持股。c 波是主跌段，往往出現 5 小波段的連續性下挫，投資人可運用總體指標相對位置、中線技術指標、量、價等工具來研判底部的浮現點。

　　投資上要特別注意第 5 波，也就是末升段，這時候進入收縮期趨勢向下的力量，和季節性 GDP 向上的力量，同時推動股市向上，兩者間再度出現背離現象。不過這個時期的假性榮景基本面並不扎實，所以來得快、去得快，被稱為「邪惡的第 5 波」；一旦行情反轉，往往會令投資人受傷慘重，一定要注意小心提防，對於一般散戶而言，寧可不做，也不要勉強。

　　一波完整的行情包含上述的說明，從行情開始的上漲到結束

的下跌，期間長達 3 年至 5 年，即是一個完整的存貨循環週期，但是若把循環週期進一步放大到以 10 年為週期分析，這個行情的規劃就等同於 2 個存貨循環所組成，此時第 1 個存貨循環可以視為 10 年週期中的初升段，第 2 個循環則可視為主升段。

　　後面章節會進一步探討、如何將不同循環週期結合起來，最後應用在投資研判上。

圖 1-8　波浪理論的「五升三降」

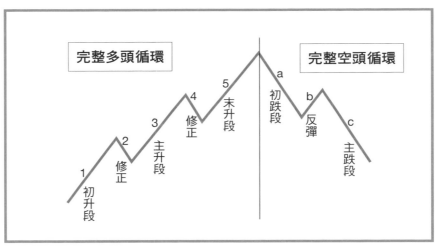

財經筆記

大波段中的「循環的錯亂」

　　景氣循環是由盛而衰、由衰而盛的過程，但在這個大波段中，有可能出現長期趨勢向上，而中期趨勢卻是向下的錯亂現象，投資人遇到這個階段很容易被混淆，我稱之為「循環的錯亂」。

　　像是 2004 年上半年的股市修正，就是一個好例子。當時景氣呈現高基期之後的軟著陸，總體經濟環境還是相當健康，對應到股市，便是初升段結束的回檔修正。等到修正結束後，景氣進入繁榮期，GDP 再次呈現強勁的成長趨勢，股市也會開啟主升段行情，這時無論是景氣強度，或者加權指數的上漲，時間與幅度都會勝於初升段。因此，投資人若被第 2 波修正嚇得提早下車，就會錯過牛市最甜美的一段行情。

圖 1-9　加權指數短、中、長期示意圖

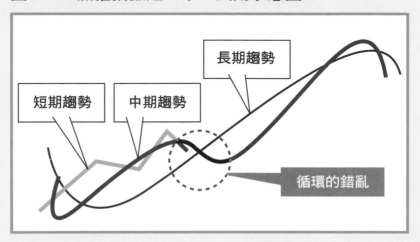

長期趨勢

短期趨勢　　中期趨勢

循環的錯亂

第 3 節

ECFA 之後，
台股躍升為成長股

　　「股市漲這麼多，怎麼才回檔一點點？」、「現在股價、房價都太貴了，買不下手！」很多在台股上個循環末期（2009 年至 2010 年）空手的投資人，當時都納悶，怎麼總是盼不到股市回檔？

　　在思考大循環的強度時，投資人一定要記得，要把重大的結構性變動因素考量在內。當時啟動循環最重要的因子，就是兩岸簽訂 ECFA，以及調降遺贈稅與營業所得稅。

　　而 ECFA 引發的「質變」，當年也悄悄在臺灣經濟體中展開。究竟臺灣與中國簽訂 ECFA 之後，對臺灣造成了什麼樣的影響？

影響 1：外資投資評價攀升

　　先回顧歷史，1985 年新臺幣開始大幅升值，長達數十年被低估的匯率，引發一股資金狂潮，宣洩在台股上，直到 1990 年

大盤指數飆上 12,682 點才得到滿足。1991 年政府開放外國投資機構直接投資臺灣股市，1996 年更進一步開放一般外國法人及自然人直接投資，再次掀起一波資金行情，台股同樣也是從 3,098 點衝上 1997 年的 10,256 點，及 2000 年時的 10,393 點才結束。

兩次大環境出現結構性變化，都使台股加權指數出現瘋狂走勢，而 ECFA 應該也具有同樣威力。當年隨著兩岸關係和緩、遺贈稅調降，已創造出吸引海外游資回流的誘因，加上兩岸關係進入實質接觸、談判階段，不再如過去總是紙上談兵，開啟了當時全球獨有的「兩岸和平紅利」。

簽訂 ECFA 後，大中華地區即產生新的經濟版圖：研發、創新的臺灣；製造、廣大市場的中國；金融中心的香港。由臺灣來研發新的應用，再利用中國廣大的市場來制定規格，並以低價輸出全世界，而香港能提供金流服務，就是大中華區的完美新擘畫。當歐美正為疲軟的經濟發愁時，外資給予臺灣、中國的投資評價卻是逐步攀升，而評價背後代表的意義，正是經濟成長與資金的到位。

影響 2：資金重新配置，臺灣成資金匯流中心

資金永遠會流向最有利的地方！ ECFA 的簽訂，消除了過去外資對於臺海兩岸關係的疑慮，原本在全球尋找投資機會的資

圖 1-10　1990 年代開放外資掀起的資金行情，讓台股 一度狂飆

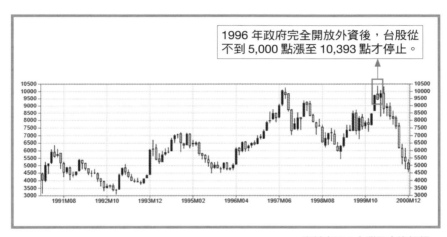

資料來源：台灣股市資訊網。

金，慢慢形成一股浪潮向臺灣襲來，這個改變不是一蹴可幾，但有跡可循。

　　在前總統馬英九上任後，中央銀行就曾經證實有數千億元資金匯回國內，不少早年前進中國經商的臺商也敲鑼打鼓回流，投資企業或房地產，推升臺北市精華地段豪宅價格越墊越高；加上後續開放檯面上中資的投資等，市場資金不虞匱乏，存在於檯面下的資金規模，甚至比檯面上一波波湧入的資金更龐大。

　　過去臺灣嚴格管制兩岸資金，不少企業為了發展，只好以各種名義將資金匯出投資，這些原本是 2,000 萬元、2 億元的出走

資金，已經變成 20 億元、200 億元，卻苦無機會回來，在簽訂 ECFA 之後，管道變得透明，金錢流通也就光明正大，在兩岸三地之間處於戰略地位的臺灣，也就成為三資（內資、外資、中資）的匯流中心。

尤其金融海嘯後，全球經濟出現前所未見的修正，海嘯過後的資金配置流向亞洲，加上回流的臺商資金與兩岸通貿、通匯的金流，讓臺灣處於千載難逢的時代裡。

影響 3：香港經驗重演

香港在 2003 年與中國簽訂 CEPA（Closer Economic Partnership Arrangement，更緊密經貿關係協議）之前，1980 年代時的平均 GDP（成長率）為 6.78％，進入 1990 年代後因為經濟體成熟，平均 GDP 降為 4.0％，當時港股恆生指數區間也僅在 8,000 點至 17,000 點之間來回震盪。

但是在 2003 年 6 月與中國簽訂 CEPA 後，香港的經濟發展就開始出現變化。在 CEPA 的推波助瀾之下，2004 年至 2007 年的平均 GDP 為 7.25％，而恆生指數更一路逼近 3 萬點；金融海嘯後，股市回檔也能守在萬點之上，指數波動的大區間，則墊高至 12,000 點至 25,000 點。

再看看臺灣，ECFA 簽訂後，主計處當時對 2010 年的 GDP 預估由 6.14％提升至 8.24％，整整增加了 2.1 個百分點，也創下

21 年來新高。GDP 成長了，台股的區間曲線也就跟著改變。過去臺灣股市的區間在 3,500 點至 10,000 點，最壞到 3,000 點，如果能漲到 6,000 點以上就代表景氣還不錯。當有重大經濟因素推動時，則會來到 8,000 點至 10,000 點這個相對高檔區，整體區間則為 4,000 點至 8,000 點。

可是，當 ECFA 效益發揮、陸客來臺等消費行為推動經濟成長，GDP 往上墊高後，台股已經不容易再重回 3,000 點至 4,000 點的低檔區，從現在回頭看也的確證明，台股在進入 2010 年之後，就再也沒有低於 5,000 點。我在 2010 年時曾預估，台股將「晉升」從 6,000 點起跳，或是初升段的起漲區會落在 7,000 點，而

圖 1-11　簽訂 CEPA 對香港股市的影響

資料來源：Investing.com。

這也會是台股區間的下緣。

但可惜 ECFA 的效益並未正常發展，2014 年發生太陽花學運，阻礙 ECFA 的全面性簽署，僅留存早收清單（按：全名為早期收穫清單，指自由貿易協議洽談初期，雙方較為迫切開放的產品項目）。原本兩岸有機會塑造的合作關係，共創雙贏，也在事後證明中國並未真心與國際接軌。此階段與中國的合作未能發揮長線的效益，僅有口惠不實的局部讓利（例如陸客來台），甚至出現竊取技術、不當挖角技術人才等預期之外之事，這段期間反而成為國內科技業的黑暗期，其中又以技術含量最高的半導體產業受害最深。

掌握臺灣經濟 5 階段變身

經濟的發展模式，也會影響股市操作中的布局重點；回顧臺灣過去的經濟與股市，共可分為以下 5 個階段：

階段 1：新臺幣升值，金融資產股當道

1980 年代，臺灣因為長期的外貿出超（塑化、紡織、玩具等），累積龐大外匯存底，在匯率管制放鬆後，新臺幣從 40 多元兌 1 美元，開始快速升值，一路升到 20 多元。當時，因為游資太多，過多鈔票追逐過少的實體資產，導致實體資產大膨脹。

因此，當時的投資標的大都以金融資產股為主，作為臺灣大

地主的金融龍頭股國泰金（2882，當時為國泰人壽），1989 年時股價一度逼近 2,000 元，寫下歷史性的一刻。

階段 2：電子代工躍升經濟主體

1990 年代，全球電子業方興未艾，臺灣搭上電子代工風潮，由半導體龍頭台積電（2330）領軍電子產業，從晶圓、封裝、電路板、記憶體、零組件、機殼、組裝、連接器、光碟機等一應俱全，提供電子產品品牌商完整的代工供應鏈，此時，臺灣的經濟主軸由電子業帶動發展。

反映在股市表現上，1990 年代之前的電子股，本益比都很少超過 10 倍，因為那些年代結構性改變在金融股。當時的主流想法是「有土斯有財」，沒有資產的電子股猶如空殼子，價值自然就被打折扣。

但是重大轉折就在此刻發生，資產泡沫開始破滅，電子產品則受惠於全球需求，銷售大幅攀升，電子股逐漸獲得市場認同，合理本益比被投資人認為可以調高到 10 倍至 20 倍，甚至更高，這時傳產股的本益比反而就下降了。

階段 3：網路泡沫後電子股優勢不在

崛起、成長、繁榮、破滅，是景氣循環不變的四部曲，一如 1980 年代的資產泡沫化，2000 年也發生了網路泡沫化，破滅後，部分電子產品還能靠創新維持成長，但大部分電子廠卻走向

削價競爭。

10 年下來，毛利一路降低，於是電子股本益比開始下修，再次向 10 倍靠攏，而傳產股反而正要鹹魚翻生。

如果只以臺灣為市場，已經成熟化的傳產股，雖然毛利率穩定，但也很難有大成長的契機，不過中國這個巨大的內需市場帶來結構性的改變。

從 1990 年代開始，臺灣傳產股陸續進入中國布局，搶占到對岸市場開放的先機，開始重獲青睞。

階段 4：製造優勢面臨式微，品牌專業將成主流

這個階段能夠勝出的傳產業，已經不是以代工為主，而是仰賴品牌。中國內需起飛後，臺商原本在對岸架構的製造優勢逐漸式微，日本趨勢專家大前研一就曾建議，應該趕快進入以專業服務、金融服務為主的第四階段。

ECFA 生效之後，兩岸的諸多限制也逐步解除，歷經一波結構轉型的臺灣，以品牌專業服務的概念在中國陸續站穩腳步，許多品牌像旺旺、康師傅、85 度 C、鬍鬚張、新天地、麗嬰房等，當時在中國都是品質的保證。

甚至連臺灣本身也是品牌，像是臺灣生產的水果、高山茶等，只要貼上「Made in Taiwan」的標籤，就能產生品牌價值。

階段 5：去中化使全球供應鏈重組，台股再「轉骨」

　　來自對岸 ECFA 的紅利，墊高了台股指數的循環基期，但這個效應從 2016 年政黨輪替後開始出現微妙變化，接著 2019 年美中貿易衝突開始，加上中國人權爭議及新冠肺炎散播等問題，使得歐美加速捨棄中國供應鏈，把訂單陸續分散至東南亞地區，其中就以印度、臺灣、越南等地受惠最大。其中尤其是臺灣，原本在網通、半導體等高科技領域即具備競爭優勢，在前任美國總統川普政府主導之下，再加上民進黨政府祭出吸引臺商回流措施，開啟國內經濟進入新的階段，這可以從新臺幣匯率再次出現

圖 1-12　新臺幣匯率與台股大盤指數對照

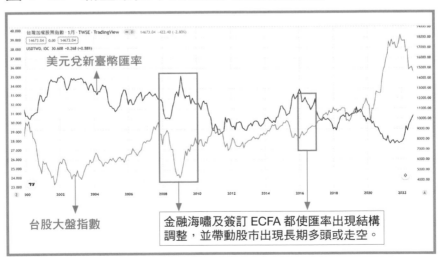

資料來源：TradingView。

升值週期探出。

　　回顧國內的經濟發展，長期以來的政策方向，都是低估匯率以利出口，但是每隔數年還是會出現一次匯率結構性調整（即是升值），來吸引熱錢大量流入。以最近一次升值來看，從 2019 年 5 月的 1 美元兌換新臺幣 31.62 元開始，到 2022 年 1 月達到 1 美元兌換新臺幣 27.55 元的高峰，期間長達 32 個月，升值幅度達 14.8%，相比前 4 次的升值幅度，分別為 57.2%、14.3%、21.5%、14.6%。

　　匯率的變化是果，國家競爭力與經濟實力是因，每隔一段期

圖表 1-13　新臺幣歷次升值週期統計

次數	美元匯率			台股指數		備註
	升值期間	匯率變化	增加幅度	變化（月平均）	增加幅度	
第 1 次	1985 年 9 月〜1989 年 9 月	40.47 元 → 25.74 元	57.2%	674 點 → 10,094 點	9,420 點（1,397.6%）	升值期間最長
第 2 次	1998 年 8 月〜2000 年 3 月	34.84 元 → 30.49 元	14.3%	7,622 點 → 9,689 點	2,067 點（27.1%）	升值期間最短
第 3 次	2009 年 2 月〜2011 年 4 月	34.95 元 → 28.76 元	21.5%	4,259 點 → 8,705 點	4,446 點（104.4%）	升值期間26 個月
第 4 次	2016 年 2 月〜2018 年 2 月	33.49 元 → 29.23 元	14.6%	8,156 點 → 11,160 點	3,004 點（36.8%）	升值期間24 個月
第 5 次	2019 年 5 月〜2022 年 1 月	31.62 元 → 27.55 元	14.8%	11,004 點 → 18,619 點	7,615 點（69.2%）	升值期間32 個月

資料來源：台灣股市資訊網。

間便會出現調整，像是 2016 年那次的新臺幣升值潮，背後是以 ECFA 為內涵引發熱錢湧入，也讓台股出現結構性調整，以 7,000 點作為循環底部支撐。而這次 2019 年啟動的升值潮，則是和全球供應鏈重組，以及臺灣半導體相關產業居於全球供應鏈中關鍵地位有關，也將台股的位階進一步推向以 10,000 點為循環週期的底部。

　　匯率是一國經濟實力與競爭力的長期表現，加權指數則是有經濟櫥窗之稱，當匯率出現大幅結構調整之際，同時也會帶動股市出現長期多頭（升值），或者長期走空（貶值）的調整。

圖表 1-14　臺灣經濟 5 階段

階段	期間	特色	情況
第 1 階段	1980 年代	限制極多	由香港進入深圳再出口，傳產業先行。
第 2 階段	1990 年代	電子受惠最深	從珠江三角洲、長江三角洲在中國全面展開製造業。
第 3 階段	2000 年代	CHIAWAN 價值鏈（臺灣接單，中國生產）	以高科技電子產品為主導，OEM（代工生產）、ODM（原廠委託設計代工）成效高。
第 4 階段	2010 年代前半	專業服務、金融服務	簽訂 ECFA，取代香港、新加坡，積極發展行銷與品牌。
第 5 階段	2010 年代後半至今	半導體產業居於全球供應鏈關鍵地位	歐美加速捨棄中國供應鏈、政府臺商回流政策，使新臺幣匯率再次出現升值週期。

第 4 節

景氣循環是台股循環的核心

　　研判股市多頭或空頭，是我們投入股市必須先弄清楚的事，但是許多投資人，甚至包括專業機構的經理人，卻常常對此望而卻步，原因就是看不懂方向。其實看懂，或者說研判股市的大方向，並沒有那麼困難，困難的是想要預測每月、每週，甚至每天的漲跌，這才是緣木求魚。

　　看懂指數的多空方向，要從宏觀面著手，像是**從景氣循環角度入手**，會親民許多。經濟學本來就是一門社會科學，和我們自身息息相關，那些多如繁星的經濟指標各有其特定功能，但是與股市趨向關聯度高，適合用來研判多空方向的指標其實不多，所以我們也只需要用心在一些基本觀念與幾個簡單的指標即可。

　　首先，**景氣循環是研判股市循環的核心**，國內主要是國家發展委員會（簡稱國發會）會不定期公布國內景氣循環的判定，最近一次的判定是 2016 年 2 月宣布第 14 次景氣循環結束（收縮期結束），接著開啟第 15 次景氣循環（擴張期開始）。下頁圖表 1-15 是由國發會製作的歷次景氣循環表，對於用來輔助研判

圖表 1-15　我國歷次景氣循環圖表

循環次序	時間			持續期間（月數）		
	谷底	高峰	谷底	擴張期	收縮期	全循環
第 1 次循環	1954 年 11 月	1955 年 11 月	1956 年 9 月	12	10	22
第 2 次循環	1956 年 9 月	1964 年 9 月	1966 年 1 月	96	16	112
第 3 次循環	1966 年 1 月	1968 年 8 月	1969 年 10 月	31	14	45
第 4 次循環	1969 年 10 月	1974 年 2 月	1975 年 2 月	52	12	64
第 5 次循環	1975 年 2 月	1980 年 1 月	1983 年 2 月	59	37	96
第 6 次循環	1983 年 2 月	1984 年 5 月	1985 年 8 月	15	15	30
第 7 次循環	1985 年 8 月	1989 年 5 月	1990 年 8 月	45	15	60
第 8 次循環	1990 年 8 月	1995 年 2 月	1996 年 3 月	54	13	67
第 9 次循環	1996 年 3 月	1997 年 12 月	1998 年 12 月	21	12	33
第 10 次循環	1998 年 12 月	2000 年 9 月	2001 年 9 月	21	12	33
第 11 次循環	2001 年 9 月	2004 年 3 月	2005 年 2 月	30	11	41
第 12 次循環	2005 年 2 月	2008 年 3 月	2009 年 2 月	37	11	48
第 13 次循環	2009 年 2 月	2011 年 2 月	2012 年 1 月	24	11	35
第 14 次循環	2012 年 1 月	2014 年 10 月	2016 年 2 月	33	16	49
平均				38	15	53

註：國發會最後一次公布景氣循環，為公告 2016 年 2 月是第 14 次循環結束，此次公布後至今已將近 7 年未再有新的公告。

資料來源：國發會。

台股的多空循環很有助益，至於如何運用，留待後面再說明。

台股 10 年大運，即是資本支出循環週期

經過經濟學家的實證研究，目前已被認可的景氣循環有 3 個，分別是循環週期 3 年至 5 年的存貨循環（按：又稱基欽循環〔Kitchin Cycles〕，由美國經濟學家約瑟夫‧基欽〔Joseph Kitchin〕提出）、9 年的資本支出循環（按：又稱朱格拉循環〔Juglarcycle〕，由法國醫生克萊門特‧朱格拉〔Clement Juglar〕提出），及長達 18 年的房地產循環（按：由俄裔經濟學家西門‧庫茲涅茨〔Simon Kuznets〕提出，臺灣曾經譯為顧志耐，因此又稱為顧志耐循環）。

有趣的是，一個資本支出循環週期內，會出現兩次存貨循環，而兩次資本支出循環，又等於一個房地產循環。過往我們常說台股有 10 年的大運（即是一次循環），便是對應資本支出循環週期，至於在 2008 年出現的金融海嘯，除了因為存貨循環與第 2 次的資本支出循環同時走入收縮期，也碰觸到房地產循環亦進入收縮期之故，所以對經濟衝擊的嚴重性，遠超越 1997 年的東南亞金融風暴。

景氣從谷底翻升之初，政府通常會祭出貨幣寬鬆或財政政策來刺激消費，接著下游需求逐漸回溫，便會引發廠商回補存貨，而廠商回補存貨又會進一步刺激需求，引發良性循環使經濟恢復

成長，直到這個存貨回補達到高峰。若是終端消費力道強勁，高峰自是可以延續下去，不過存貨達到高峰之後，通常廠商會開始觀望，觀察庫存消化的狀況，當填補存貨的需求變少，經濟便會出現軟著陸現象，不過這屬於良性的修正，通常修正時間是 6 個月至 9 個月。

當存貨調整結束後，就會再進入下一個新的存貨循環，此時的設備稼動率已經不低，當需求再度攀升上去，廠商會出現新一

圖表 1-16　景氣循環示意圖

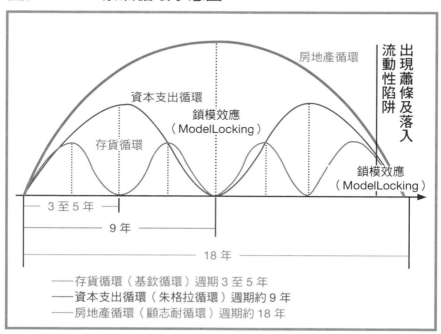

波的資本支出，便是進入資本支出循環的擴張期。在這個階段裡，推動經濟的力量除了原有的貨幣、存貨回補，還會加上資本支出，及為了擴充設備而增加的擔保品借貸金額。

　　在景氣循環產業身上，最容易看見資本支出循環現象，比如半導體產業、面板產業，甚至是 2020 年當紅的航運產業。當資本支出因為景氣熱絡，驅動產能擴充達到高峰，接下來便是景氣也見頂，進入一段時間不算短的修正期。在資本支出循環進入收

圖表 1-17　多循環關聯模型

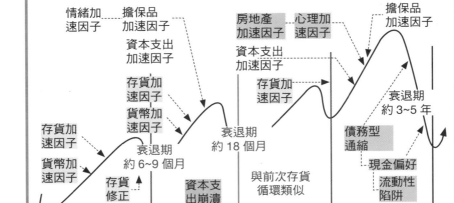

縮期後，過度投資引發產能過剩、價格崩跌，需求也衰退，存貨及產能的去化都需要一段不短的時間，平均而言約需 18 個月。像是 2000 年的網路泡沫化，與半導體資本支出高達 88.67％的高成長之後，緊接著就是出現大幅度的衰退。

當資本支出循環慢慢走出修正期後，接著再度重啟新一輪的存貨循環，然後重複著上一次 10 年循環的脈動，這也是為何股市脈動可以概括的以 10 年為週期，以前後兩次去比較，兩者走勢極為相似的原因。

財經筆記

資本支出

英文為 Capital Expenditure，簡稱 CapEx，是指公司為了維持或增加產能而添購設備，或是為了延長固定資產耐用年限而產生的費用。由於資本支出能間接反映公司的產能狀況，因此可以視為推動經濟的力量。

稼動率

是一種設備運作效率的指標，算法是：「（設備實際運作時數÷設備可運作的總時數）×100％」，當稼動率越高，表示公司採購設備的機率越高，也就會產生資本支出。

當房地產循環進入擴張期，景氣將進入最高峰

不過當進入第 2 個 10 年循環，也就是第 4 個存貨循環之際，在與第 1 次資本支出循環比較時，有一個地方要特別留意，就是這一次進入資本支出循環的同時，房地產循環也默默的進入擴張期加速階段。這時候企業的新增資本支出已無法在原有廠房內擴充生產線，必須向外獵地、興建新的廠房。

多年來的財富累積與景氣熱絡，金融機構也提供充裕的資金，通貨膨脹蠢蠢欲動，各方面都在推升民眾對於房地產的需求，長年的經濟榮景，會讓民眾與廠商進一步放大財務槓桿。此時，房地產循環推升的力量除了貨幣因子、存貨回補、資本支出之外，還會再增加房地產、擔保品、心理因素的擴大信用融資槓桿等，最終將景氣推升到最高峰。當景氣盛極而衰、開始修正，便會出現很大的衝擊，最終出現債務型通貨緊縮、流動性風險與現金偏好的極端狀況。

2008 年的金融海嘯，就是源自於房地產泡沫化，導致以房地產為連結核心的衍生性金融商品崩盤一發不可收拾，儘管房利美、房地美（按：Freddie Mac 及 Fannie Mae，美國兩大房屋抵押貸款公司）所點燃的次級房貸風暴，在風暴初期透過美國政府以收歸國有暫時解決，但是因為過度信用擴張的雷曼兄弟破產，直接蔓延全球無一倖免，當時便是出現債務型通縮、現金偏好（銀行機構不願將資金轉融通給企業），流動性陷阱（利率政策

失效無法有效帶動消費、投資）等現象，導致經濟陷入一灘死水，不管是金融機構或民眾，都抱持現金為王的心態，緊握現金不放。

房地產循環進入衰退期之後，經濟受創甚鉅，需要一段漫長的時間休養生息，大約需要 3 年至 5 年的時間，才能讓經濟恢復生氣。

研判股市時，景氣循環不同，指標也不同

在不同類型的景氣循環週期之下，應用在股市的價值研判，需要費心關注的階段性重點指標也不盡相同。屬於短期波動的存貨循環，影響原因在於生產、銷售、庫存調整，需要關注的指標有綜合領先指標、長短期利率及殖利率曲線，而此階段具體的研究重點就是存貨。

至於屬於中期波動的資本支出循環，影響的原因主要是設備投資、技術革新、生產變動等，一般性的指標與存貨循環相同，即是綜合領先指標、長短期利率及殖利率曲線，具體的重點則是產能利用率狀況、上市櫃股票歷史與盈餘預估。

至於房地產循環影響的原因主要是人口成長、新資源開發、資本累積、戰爭等，除了一般的綜合領先指標、長短期利率及殖利率曲線外，具體的研究重點包括購屋者負擔能力、房價相對GDP 比率、商用房地產 CAP 比率（平均出租淨回報），相對於

債券殖利率等，這些指標可以研判房地產價格是否已經超漲，以致泡沫化了。

　　研究不同類型的景氣循環週期時，也許讀者會出現一個疑問，為何不同週期的循環，會在特定時間點出現同步轉折與落底的現象？這是因為鎖模效應造成的共同波動，這樣的效應最終也會讓經濟體陷入蕭條與流動性陷阱中。

　　像是 2008 年金融海嘯，就是三個循環出現鎖模，而共同轉折向下之故。若要解決，最終必須倚賴政府出手干預，2008 年後全球央行聯手救市，在利率已陷入流動性陷阱、失去效用後，破天荒實施量化寬鬆，無限制釋出資金以彌補缺口，重新創造資金流動，才解決了金融海嘯問題。但是全球經濟復甦的過程踉蹌，2012 年又再發生歐債風暴，直到 2013 年全球經濟才開始朝正向循環穩健前行，正式脫離金融風暴的陰霾。

財經筆記

鎖模效應

　　指不同天期的景氣循環，因為某個特別的事件，導致原先還沒到期的循環提前到期，而已經到期的循環延後到期。當多個循環變成在同一時間到期，就會導致股市大幅回檔。

圖表 1-18　推動景氣的 3 種循環週期

循環類型	提出者	屬性	週期	影響原因
存貨循環 （基欽循環）	美國經濟學家 約瑟夫・基欽 （Joseph Kitchin）	短期波動	3 年至 5 年	生產、銷售、庫存調整。
資本支出循環 （朱格拉循環）	法國醫生 克萊門特・朱格拉 （Clement Juglar）	中期波動	9 年	設備投資、技術革新、生產變動等。
房地產循環 （顧志耐循環）	俄裔經濟學家 西門・庫茲涅茨 （Simon Kuznets）	長期波動	17 年至 18 年	人口成長、新資源開發、資本累積、戰爭等（資本主義經濟造成的）。

第 5 節

掌握台股動能，
跟著 GDP 走就對了

俗話說「股市是經濟的櫥窗」，掌握了最長期的 10 年循環走勢，接下來就要學會如何從每季與每年的經濟數據變動，洞悉股市的變化。首先，第一個要看的就是 GDP（國內生產毛額）。

以金融海嘯後的 GDP 數據與大盤走勢來看，臺灣 GDP 從 2008 年第 2 季的 5.38％ 下滑至第 3 季的 -0.8％、第 4 季的 -7.11％，直到 2009 年第 1 季達到循環低點 -9.06％。進入第 2 季後，開始快速縮小負成長的幅度，至第 4 季翻正為 9.06％，2010 年第 1 季來到高峰 13.71％。

相對於股市是怎樣呢？台股加權指數 2008 年第 2 季從 9,309 點開始一路下滑，在第 4 季達到 3,955 點的最低位置，高低點都與 GDP 相呼應，顯然股市與 GDP 連動的規則特性，並未受到金融海嘯的影響。

了解 GDP 循環，抓準景氣趨勢

也有人認為，兩岸關係往往左右台股走勢。其實，臺灣本質上國際化程度很深，雖然對中國出口的比重持續攀高，但歐美市場仍具關鍵意義；所以當全球景氣走緩，臺灣必然受到波及，很難置身事外。換言之，即使政治面出現利多或利空，在激情過後，一切都會回歸基本面的軌道上。

舉例來說，1996 年時兩岸關係劍拔弩張，中共飛彈演習，但是臺灣的經濟面表現卻不遑多讓，GDP 從 1995 年第 4 季落底的 5％，逐季強勁成長至 1996 年第 4 季的 7.27％。之後當政治雜音消除，股價回到原有軌道，於是一路攀升突破萬點，來到 10,256 點的高峰，這便是實質面的趨勢力量。

景氣循環終究是影響股市的最重要因素，因此，可以利用循環來判斷股市位於上升的軌道，或者下降的趨勢，甚至用循環的階段性，來了解究竟是處在什麼景氣階段（見右頁圖表），以作為選擇投資標的類別的依據。

建議透過以下 2 個步驟，抓住循環脈動：

步驟 1：掌握 GDP 預估數字

一般來說，在每年年底到隔年年初，或是一年的開始時，就要先利用 GDP 觀測未來一整年的經濟走勢，才能為來年的投資定調。

圖表 1-19　景氣循環的循環過程

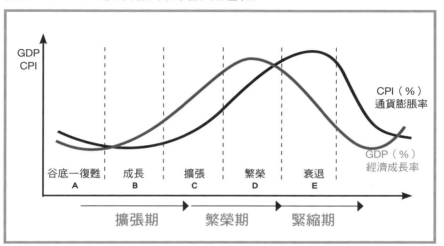

在年初規劃好未來一整年的方向後，最好每季再跟隨主計處的預估數字來修正，看是往上調高，還是往下調降？這樣更能了解經濟景氣的方向。

至於 GDP 的公布數據，可以在主計處網站（https://www.dgbas.gov.tw/point.asp?index=1）中，找到歷史資料與未來一年的 GDP 預估數據。

步驟 2：尋找高、低轉折點

根據過去資料統計分析，台股加權指數的高點多半同步或是領先 GDP 一季作頭，落底時，也有同步或提早落底的特性，因

此可以藉由主計處預估的 GDP 數據，或是經建會的景氣領先指標 6 個月平滑化年變動率的動向，來判斷台股的方向，並從中找到股市高低起伏的轉折點。

　　舉例來說：GDP 從第 1 季開始，從 5％、6％、7％這樣逐季上揚，那麼台股加權指數就有可能從 5,000 點往 5,500 點或是 7,000 點、8,000 點的方向走高；而當 GDP 從 8％往 7％、6％開始向下掉時，即使以絕對值 6％、7％來看，都還是很好的數據，但是台股就可能反映 GDP 下滑的事實，提前反轉向下了。

魔鬼藏在細節裡

　　從 GDP 的年度與季度資料，除了可以用來判讀股市的多空頭年之外，進一步分析數字的內容，還可以發現幾件事：

　　1. 近 10 年來，2012 年曾經出現過 GDP 數值低於前一年度，但台股卻是多頭的現象，深究原因是 GDP 修正幅度已經趨緩，2011 年的 3.67％比 2010 年的 10.2％，掉了 6.58％，而 2012 年為 2.22％，只滑落了 1.45％，所以全年呈現弱勢的多頭年。（見右頁圖表 1-20）

　　2. 我們可以從 GDP 上升的幅度，去推測當年度台股上漲的點數空間，以 2015 年至 2017 年的 GDP 變化為例，這 3 年 GDP 分別為 2015 年 1.47％、、2016 年 2.17％、2017 年 3.31％，換言之，2016 年及 2017 年屬於多頭年。

　　接著進一步計算 GDP 變動數，2016 年相較於 2015 年為增加 0.7％，2017 年相較於 2016 年為增加 1.14％，GDP 逐年增加，所以 2017 年的台股指數上漲點數會高於 2016 年（2017 年比 2016 年上漲 1,389 點，2016 年比 2015 年上漲 915 點）。

　　同樣的狀況，2019 年至 2021 年也是如此，GDP 變動幅度為 0.27％、0.3％、3.09％，除了顯示連續 3 年的多頭之外，台股上漲的點數也是逐年擴大，2019 年為上漲 2,270 點，2020 年為上漲 2,735 點，2021 年為上漲 3,486 點。到了 2022 年，GDP 的預測值向下修正至 4％ 上下，無論結果能否保 4，也不管台股相較於其他國家的表現是如何優越，2022 年無庸置疑就是空頭年。（見第 70 頁圖表 1-21）

圖 1-20　臺灣 GDP 成長率與台股大盤指數對照

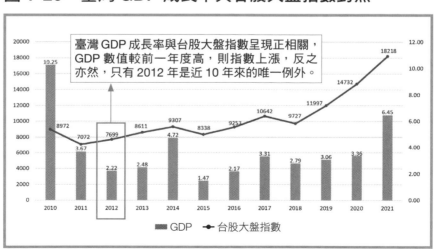

圖表 1-21 臺灣 GDP 成長率與台股大盤指數對照

年度	GDP 成長率			台股大盤指數		
	該年度	相較前一年度	變動幅度	該年度	相較前一年度	漲跌幅度
2011 年	3.67%	-6.58%		7,072 點	-1,900 點	下跌
2012 年	2.22%	-1.45%	衰退減少	7,699 點	627 點	上漲
2013 年	2.48%	0.26%	成長	8,611 點	912 點	漲幅增加
2014 年	4.72%	2.24%	增加	9,307 點	696 點	漲幅減少
2015 年	1.47%	-3.25%		8,338 點	-969 點	下跌
2016 年	2.17%	0.70%	成長	9,253 點	915 點	上漲
2017 年	3.31%	1.14%	成長	10,642 點	1,389 點	漲幅增加
2018 年	2.79%	-0.52%		9,727 點	-915 點	下跌
2019 年	3.06%	0.27%	成長	11,997 點	2,270 點	漲幅增加
2020 年	3.36%	0.30%	增加	14,732 點	2,735 點	漲幅增加
2021 年	6.57%	3.09%	增加	18,218 點	3,486 點	漲幅增加
2022 年	3.76%	-2.81%				

資料來源：主計處 2022 年 8 月公告數據。

2019 年至 2021 年的 GDP 都較前一年度成長，為多頭年，但 2022 年為衰退，就是空頭年。

GDP 較前一年度成長，為多頭年，台股也接連兩年上漲。

企業盈餘是用來研判轉折的好指標

當我們從 GDP 來研判多空頭年度之後，如果可以再取得企業季度的損益預估，會更有助於研判當年度指數的轉折點。就實證上來說，企業盈餘與加權指數的相關係數高達 0.81，所以是一個非常好的指標。接著再進一步分析，可以發現企業盈餘獲利「絕對值」高峰出現的季度，與加權指數的高點幾乎同步，但是低點的預判，則是要採用盈餘的「成長率」指標，因為通常成長率的低點，會與當年度指數低點同步。

除了企業盈餘之外，就經驗法則來說，一個大波段的景氣循環轉折出現的位置，大多數會是在年底或年初，這也是十分值得參考的指標。

投資股市，應選在 GDP 復甦時

多空循環的判定，首先要界定出進行中的景氣循環類型，這也有助於研判多空頭的強度；接著研判景氣位於擴張期還是收縮期、已經進行多久了；然後利用主計處公告的 GDP 預測，研判該年度是多頭或是空頭。

如果加權指數位於趨勢進行的軌道中，那麼轉折點的研判就很重要，GDP 的季度高低出現位置、企業盈餘的高峰與低點、時間上是否落於年底，都是重要參考依據。如果可以再搭配國發

會公布的景氣對策訊號燈號輔助研判（一般來說，落入藍燈區且連續出現 3 個月，顯示指數低點不遠；若是象徵過熱的紅燈區，則必須警戒高峰反轉向下），更能增加研判的準確度。

經由這樣的特點可以知道：

1. 股市投資應該選在 GDP 處於復甦期或成長期時切入。

2. 利用轉折點提早布局或賣出股票。

因為台股會領先 GDP 作頭，提前時間約一季，所以當官方、主計處或知名經濟預測機構，對未來的 GDP 數值有從高點反轉的意味時，投資股市就要趨向保守，建議逐步賣出；反之，當 GDP 預估值即將落底，並且呈現從低點往上的走勢時，則可以提早一季進行低檔布局。

第 6 節

從景氣訊號推測循環階段

　　國發會不定期公告的歷次景氣循環表裡面，有許多可以應用在預判景氣循環與股市循環的資料，如果能夠將 3 種不同波動周期的景氣循環類型置入，並將先前討論過的 GDP、企業盈餘及景氣對策訊號分數等指標，應用在判斷景氣轉折，能更有效的研判股市行情。

　　根據國發會歷次景氣循環的公告，2016 年 2 月為第 14 循環結束（即第 15 循環開始），這次公布後至今已經將近 7 年未再有新的公告，但是循環高峰、谷底的判定，我們仍可以參照前面 14 次循環的擴張期、收縮期、全循環的平均水準（最好將極端值扣除），再搭配景氣對策訊號分數（一般情況下，谷底會落入藍燈區，且持續1個月以上）、GDP、企業盈餘等預測數字。

現在的台股循環何時結束？

　　依照第 15 次循環研判，曾在 2018 年 12 月美中貿易衝突

剛開始時，景氣對策訊號出現 16 分的藍燈，次月隨即脫離藍燈區逐步往上，尤其 2019 年 GDP 達 3.06％，亦優於 2018 年的 2.79％，所以不應視為谷底訊號。從該指標編撰以來，只有 2006 年 12 月曾出現過相同的狀況，但仍然界定為第 12 循環擴張期，因此 2018 年 12 月也應該視為第 15 循環擴張期的中途修正，這個擴張期仍持續進行。

圖表 1-22　2018 年 7 月至 2022 年 9 月景氣對策信號分數

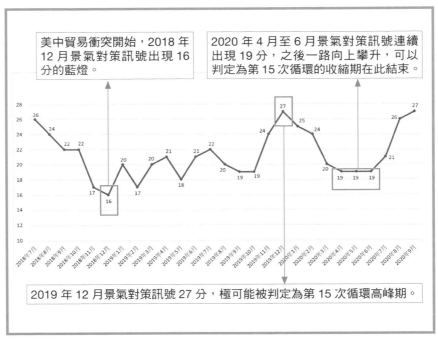

資料來源：國發會。

　　至於第 15 次循環的高峰期，國發會的判定極可能落在 2019 年 12 月的 27 分（加權指數高點則是在 2020 年 1 月 3 日的 12,197 點），配合主計處公告 2019 年第 4 季的 GDP 為 3.29%，與企業盈餘成長率高峰都落在第 4 季，吻合同步或領先 1 季的慣性。就是說，2020 年 1 月進入股市修正期（收縮期），開始步入空頭循環。

　　計算過去 14 次循環收縮期平均為 15 個月（收縮期最短的也有 10 個月），出現最多次的是 11 個月，原本合理的落底預估，應當在 2020 年底或 2021 年第 1 季。但是新冠肺炎疫情的發展，讓國內受惠於全球半導體缺貨，而使 GDP 迅速攀升，景氣對策訊號於 2020 年 4 月即達低點的 19 分，在連續 3 個月的打底（皆 19 分）後即迅速一路向上攀升，直到 2021 年 2 月進入景氣過熱的紅燈區，並創下連續 9 個月紅燈的紀錄。

　　總結第 15 次循環，從 2016 年 2 月開始進入擴張期，到 2020 年 1 月（或可以 2019 年 12 月為計算）結束，合計 48 個月，接著進入收縮期至 2020 年 4 月至 6 月落底，合計 4 個月至 6 個月，總計全循環達 52 個月至 55 個月，與過往全循環平均 53 個月相吻合。

何時該布局下一次的台股循環？

　　目前進行中的第 16 次循環從 2020 年 4 月開始，景氣對策

訊號分數到 2021 年 12 月之後迅速下滑，GDP 也從 2021 年第 4 季的 5.32％，下滑至 2022 年第 1 季的 3.14％，後續因通貨膨脹削減了民眾購買力與存貨去化，雖然 2022 年 5 月 27 日已經下修 GDP，從 4.41％ 改為 3.91％，但是仍預估 2022 年第 1 季為 2022 年的季度最低點，之後逐季往上。

但以全球遭受通膨、俄烏戰爭等影響，加上歐美經濟走緩明顯，產業部分則有電腦、手機需求下修，個人消費受到迅速升息也呈現減緩跡象，預計後續 GDP 應該會逐季下滑。換言之，以現有證據顯示，擴張期高峰轉折落在 2021 年 12 月的機會不小，也就是此次擴張期預估共 21 個月。

第 16 次循環進入收縮期後，目前尚未看到盡頭，要預估循環谷底，可以從過往經驗，收縮期平均 15 個月的時間為基準，加上 2000 年以來有 3 次出現 11 個月、1 次為 16 個月，換言之，可以用 11 個月至 15 個月為估計區間，所以預估 2022 年 11 月至 2023 年第 1 季會達到谷底。

因此，到了接近年底時，可以仔細檢視景氣對策訊號分數是否已跌入藍燈區、主計處與各研究機構的季度 GDP 預估是否落底、存貨是否去化完成、對於 2023 年度的 GDP 預估是否開始上升，若是這些條件都吻合的話，便可推測這次循環週期約 33 個月至 37 個月，接著迎來的，就是第 17 次循環擴張期（股市多頭）的開始。

圖表 1-23　臺灣歷次景氣循環及第 15 次至 17 次循環預估

循環次序	谷底時間→高峰時間→谷底時間	擴張期	收縮期	全循環
第 1 次循環	1954 年 11 月→ 1955 年 11 月→ 1956 年 9 月	12 個月	10 個月	22 個月
第 2 次循環	1956 年 9 月→ 1964 年 9 月→ 1966 年 1 月	96 個月	16 個月	112 個月
第 3 次循環	1966 年 1 月→ 1968 年 8 月→ 1969 年 10 月	31 個月	14 個月	45 個月
第 4 次循環	1969 年 10 月→ 1974 年 2 月→ 1975 年 2 月	52 個月	12 個月	64 個月
第 5 次循環	1975 年 2 月→ 1980 年 1 月→ 1983 年 2 月	59 個月	37 個月	96 個月
第 6 次循環	1983 年 2 月→ 1984 年 5 月→ 1985 年 8 月	15 個月	15 個月	30 個月
第 7 次循環	1985 年 8 月→ 1989 年 5 月→ 1990 年 8 月	45 個月	15 個月	60 個月
第 8 次循環	1990 年 8 月→ 1995 年 2 月→ 1996 年 3 月	54 個月	13 個月	67 個月
第 9 次循環	1996 年 3 月→ 1997 年 12 月→ 1998 年 12 月	21 個月	12 個月	33 個月
第 10 次循環	1998 年 12 月→ 2000 年 9 月→ 2001 年 9 月	21 個月	12 個月	33 個月
第 11 次循環	2001 年 9 月→ 2004 年 3 月→ 2005 年 2 月	30 個月	11 個月	41 個月
第 12 次循環	2005 年 2 月→ 2008 年 3 月→ 2009 年 2 月	37 個月	11 個月	48 個月
第 13 次循環	2009 年 2 月→ 2011 年 2 月→ 2012 年 1 月	24 個月	11 個月	35 個月
第 14 次循環	2012 年 1 月→ 2014 年 10 月→ 2016 年 2 月	33 個月	16 個月	49 個月
平均		38 個月	15 個月	53 個月
第 15 次循環（預估）	2016 年 2 月→ 2019 年 12 月～ 2020 年 4 月→ 2020 年 4 ～ 6 月	47 ～ 48 個月	4 ～ 6 個月	52 ～ 55 個月
第 16 次循環（預估）	2020 年 4 ～ 6 月→ 2021 年 12 月～ 2022 年 1 月→ 2022 年 12 月～ 2023 年 3 月	21 個月	12 ～ 15 個月	33 ～ 37 個月
第 17 次循環（預估）	2022 年 12 月～ 2023 年 3 月開始			

註：因國發會正式公告僅至第 14 次循環結束，故第 15 次循環至第 17 次循環為作者預估。

資料來源：國發會。

第 7 節

房地產循環，景氣循環之母

　　房地產景氣的好壞向來被稱為「景氣循環之母」，因為當房地產循環擴張期終結，步入衰退期時，對於經濟的衝擊會非常重大。曾經經歷過 2008 年金融海嘯的投資人，必然記憶猶新，儘管這已經是十幾年前的事，但是別忘了，房地產循環的波動週期平均為 18 年，而前次海嘯的發生雖然落在 2008 年，但是房地產景氣的高峰卻是在 2006 年出現，接著到了 2008 年進而影響全球經濟形成股災。讓我們簡單分析一下，2022 減去 2006 等於 16，也就是說，房地產景氣高峰不遠，了不起到 2024 年，這是一種很簡略的數學概算。

　　不過根據美國商務部經濟分析局（www.bea.gov）公布的資料進一步分析，歷次美國房地產循環平均收縮期為 8.6 年、擴張期 8.4 年、全循環則為 17 年，若計算前次循環高峰落在 2006 年，與到達循環谷底的 2011 年合計，共修正了 5 年的時間，比平均週期的 8.4 年短，但是崩跌的幅度很大、很驚人，這個現象可以說是用空間（跌幅）代替時間。

　　在預估這次仍在進行中的擴張期高峰，有兩個時間點要注意，第一是 2011 年加上 8.4 年的平均擴張期，即為 2020 年，不過這也只是保守估計，還要再從其他房地產循環指標輔助研判，是否有到頂的跡象，不過 2020 年的美國房地產景氣，目前仍持續在擴張期軌道上。其次要注意的是，這次收縮期只有 5 年，我們用 17 年減 5 年，就表示擴張期還有 12 年的時間，接著用 2011 年加上 12 年，就可以計算出 2023 年可能為高峰。

圖表 1-24　美國歷次房地產循環表

循環次序	波峰年度→波谷年度→波峰年度	收縮期	擴張期	全循環
第 1 次循環	1870 年→ 1876 年→ 1887 年	6 年	11 年	17 年
第 2 次循環	1887 年→ 1896 年→ 1905 年	9 年	9 年	18 年
第 3 次循環	1905 年→ 1916 年→ 1926 年	11 年	10 年	21 年
第 4 次循環	1926 年→ 1933 年→ 1941 年	7 年	8 年	15 年
第 5 次循環	1941 年→ 1953 年→ 1955 年	12 年	2 年	14 年
第 6 次循環	1955 年→ 1965 年→ 1972 年	10 年	7 年	17 年
第 7 次循環	1972 年→ 1982 年→ 1987 年	10 年	5 年	15 年
第 8 次循環	1987 年→ 1991 年→ 2006 年	4 年	15 年	19 年
平均		8.6 年	8.4 年	17 年
第 9 次循環	2006 年→ 2011 年→預估 2023 年	5 年	預估 12 年	17 年

資料來源：美國商務部經濟分析局（www.bea.gov）。

　　當用此方式預判 2023 年可能為高峰年度後，接著就應該逐一檢視與房地產循環有關的指標，確認是否符合。

房地產循環重要指標有 6 項

　　關於房地產循環，最重要的指標依序為：房屋營建許可、新屋開工數、私人住宅建築支出、30 年房貸利率、成屋銷售、新

圖表 1-25　美國房地產循環圖

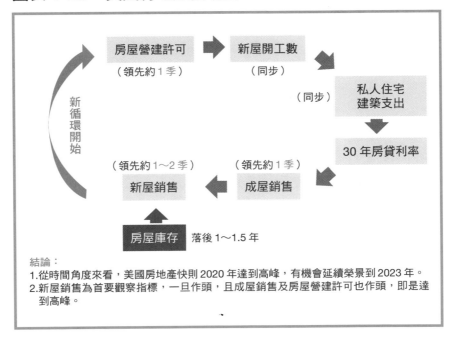

結論：
1.從時間角度來看，美國房地產快則 2020 年達到高峰，有機會延續榮景到 2023 年。
2.新屋銷售為首要觀察指標，一旦作頭，且成屋銷售及房屋營建許可也作頭，即是達到高峰。

屋銷售、房屋庫存等六項指標。其中房屋營建許可、新屋銷售、成屋銷售這 3 項具備領先性，另外還可以用 2 個現象面來輔助研判。

首先，在景氣達到高峰之前，會出現各項指標噴出現象，這在各種商品市場、股市也會發生，但很明顯的，2020 年並沒有出現這種狀況，並且房屋庫存量屢創新低。

其次，美國整體房屋銷售平均價格具有季節性，通常 2 月是當年價格谷底，6 月則是高峰，這個慣性在 2020 年至 2021 年被打破，出現該回不回的價格噴出現象，這就是警訊。換言之，2022 年房地產景氣至少應該進入警戒區，雖說還沒有確切證據證實高峰已到，但是應該也不遠了。

指標出現警訊，注意下半年發展

接下來檢視上述 6 項指標，研判此次房地產循環高峰可能會落在哪裡。截至統計到最近月分的指標，首先，美國 BIS 實質房價指數於 2021 年第 4 季已經正式突破金融海嘯前的高峰 156.34，達到 157.50；接著觀察具備領先性的指標房屋營建許可，這項指標在 2021 年 12 月初步達到高峰後下滑，不過考量到通常年底及年初為高峰，6 月附近為年度低點，如果到了下半年這指標還沒有回升，則可初判 2021 年底為指標頂點。

另外，美國整體成屋銷售量曾在 2020 年 10 月美中貿易戰

期間達到高峰，雖然有在 2022 年 1 月再度衝高，但到現在都未能再突破，反而迅速逐月下滑，5 月份就少了 108 萬戶，下滑 16.6％。不過，由於整體房屋庫存量並沒有出現增加的趨勢，仍在歷史新低水準區，所以只能說現階段有隱憂，但只要下半年指標可以回升，就算是軟中透強。

美國新屋銷售是最重要且具備領先性的指標，2021 年 1 月觸頂後，目前僅剩高峰的 6 成，雖然可以歸咎於房屋庫存量偏低，但仍然表示需求也是同步減緩。尤其房地產市場向來具備「量先價行」的特色，在擴張期末端往往會先出現成交量萎縮的現象，所以這個下滑現象，無疑是一個警訊。

新屋開工數與私人住宅建築支出這 2 個指標，屬於景氣高峰的同步指標，2022 年 4 月創下波段新高後，5 月時有較大的下滑幅度，月減 14.4％，雖然看起來仍在上升的軌道上，但仍須觀察注意。而美國私人住宅建築支出這個指標，則是自從 2020 年 11 月突破前波高點後，截至 2022 年 4 月為止，毫無懸念的維持逐月創新高走勢，穩定上揚。

至於美國 30 年期抵押貸款固定利率，已經來到 5.78％的水準，這對於未來的購屋者負擔不小，加上房價連創新高，目前已經出現成交量萎縮的現象，轉往租屋市場，2022 年 5 月的空屋率僅 5.8％，而房屋租金也從 2021 年 7 月開始快速攀升，且逐月創新高。

房地產高峰不遠，但股市修正沒這麼快

綜合 6 項指標、2 項觀察，屬於領先性的指標有一項已經確認出現警訊，另外兩項雖然尚待確認中，但是顯示應已達到高峰附近。至於兩項觀察方面，價格已經噴出進入泡沫區，並且成交量走緩也是進入高峰前的警訊；具同步性質的私人住宅建築支出、新屋開工數這 2 項指標，倒是趨勢依舊穩健的往上中。

總結房地產景氣雖不至於有立即反轉的危機，但是也到了「兩好球、三壞球」的階段，應該很難拖過 2023 年才是。不過也千萬不要因此就以為，高峰一到就會迅速反轉，立即衝擊經濟、股市崩盤，因為通常房地產達到高峰之後，還要 1 年以上的時間才會慢慢顯現影響力，大家別忘了，2006 年初房地產高峰出現後，直到 2008 年才發生金融海嘯。

雖然 2022 年的修正不小，少了房地產的「助攻」，基本上修正的威力應該比擬 1997 年的亞洲金融風暴。加權指數主升段結束的修正後，還會有一個不太容易再創新高的末升段，只有在那次行情之後，才要擔心是否會出現金融海嘯等級的修正。

圖表 1-26　美國房地產指標——美國房屋營建許可

房屋營建許可指標在 2021 年 12 月達到高峰後下滑，如果到了下半年還沒有回升，即可初步判斷 2021 年底為指標頂點。

資料來源：Stock-ai.com。

圖表 1-27　美國房地產指標——美國整體成屋銷售量

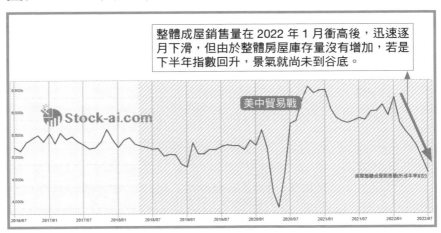

整體成屋銷售量在 2022 年 1 月衝高後，迅速逐月下滑，但由於整體房屋庫存量沒有增加，若是下半年指數回升，景氣就尚未到谷底。

資料來源：Stock-ai.com。

圖表 1-28　美國房地產指標──美國新屋開工數

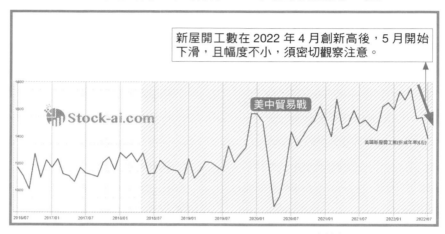

> 新屋開工數在 2022 年 4 月創新高後，5 月開始
> 下滑，且幅度不小，須密切觀察注意。

資料來源：Stock-ai.com。

圖表 1-29　美國房地產指標──美國私人住宅建築支出

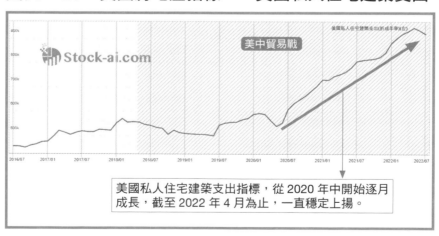

> 美國私人住宅建築支出指標，從 2020 年中開始逐月
> 成長，截至 2022 年 4 月為止，一直穩定上揚。

資料來源：Stock-ai.com。

第 2 章

跟著循環走，
每個時期都能賺

最壞景氣進場，首選龍頭公司

　　選擇投資標的時，一定要先充分了解目標產業，因為各產業具備不同特性，也會帶來不一樣的變數，投資人的選股邏輯，當然也要因產業而異。

　　以新臺幣匯率為例，當匯率發生變動時，對於電子業的影響程度，通常是「由下而上，由小而大」，也就是下游廠商受到的影響比上游嚴重，小廠比大廠嚴重。因為一般情況下，下游廠商的營收規模較大，應收帳款天數也比較長，加上毛利率較低（往往不到 10％），因此，匯率只要變動 1％，就會影響獲利 10％（1％÷10％）。如果再加上應收帳款天數、營收和資本額倍數等因素，造成的影響往往超過 10％ 以上。

　　反觀上游廠商，毛利率較高，多在 3 成左右的水準，同樣是 1％ 的匯率變動，估算出來的影響僅有下游的 1/3。若再進一步細算其他變數，整體影響約不到下游廠商的 1/10。

　　小廠受到的影響會比大廠嚴重，原因則在於，企業規模會影響公司人才的專業性。一家公司如果沒有相當的規模，外匯操作

通常是由財務人員兼職處理。但是外匯是一門極專業的知識，營收規模未達百億以上的公司，因為部位不夠大，很難找到經驗豐富的外匯專業人才，以財務人員兼職進行外匯避險，甚至投機避險，是非常危險的事。舉例來說，工業電腦龍頭研華（2395），曾於 2003 年在外匯操作上虧損 6 億多元，活活吃掉當年度 38% 盈餘，就是一個血淋淋的例子。

由此可見，匯率波動對外銷產業的重要性，不亞於公司的產品與經營能力。以下就投資人最常著墨的 3 種產業，進行投資重點分析。

景氣循環產業：最壞景氣進場，首選龍頭公司

評估景氣循環產業的重點，可以分為兩部分來看：

第一，循環的特性。例如，半導體的循環週期約為 5 年，薄膜電晶體液晶顯示器（TFT LCD）則為 3 年。不過 TFT LCD 在進入 7 代線、8 代線後，由於規模太大，相較於過去，循環的時間已經由 3 年延長至 3 年半到 4 年。其他資本支出較小的產業，例如：光碟片、被動元件等，景氣維持榮景的時間則多在 12 個月至 18 個月。

之所以造成這種循環現象，原因在於產能是以階梯式擴增。由於新建廠房所需時間長達 1 年至 2 年，產能吃緊後，連帶影響供給量不易增加，於是價格上漲，成為賣方市場；到了產能恢

復後，供給量大增，加上折舊占生產成本比重高，價格也隨之大幅下降。這樣的模式，造就了循環現象。

換言之，這類公司的獲利達到高峰時，反而是預告接下來的日子可能不好過，所以投資這類股票的「時機」最重要，一定要選擇產業最壞的時候進場，同時顧慮到降低風險，要以龍頭公司為首要選擇，因為無須擔心領導廠商會倒閉，而當景氣翻升時又是最快受惠的對象，其他二線之後的廠商，多半要等到景氣正式翻升一段期間後，股價才會開始有所表現。

第二，評估景氣循環產業的投資價值時，必須以股價淨值比為評估指標，若使用本益比，容易高估公司價值，而合理的股價淨值比，可以統計個股的歷史資料。

以 2020 年至 2021 年最夯的航運股——長榮（2603）為例。首先，航運產業屬於景氣循環類型，所以評估指標應採用股價淨值比。許多投資人，甚至是比較資淺的研究員，都很容易因為股價漲多之後，就思考更改評估指標，用本益比來作為調高目標價的說詞。這麼做的結果，就會和 2000 年網路泡沫化時創造出「本夢比」一般，最終經不起考驗。

其次，要了解這個循環性產業的特性——報價。當供需出現缺口，短期內難以改善，將造成航運報價持續上揚，而當供需開始改善初期，儘管仍有短缺現象，但報價通常會提前反應，所以運價即可能開始走軟，一旦運價走軟，股價也會跟隨回檔，換言之，運價才是股價的同步指標。

　　最後就是時間的寬度（週期），即增加供給的時間。建造一艘貨櫃船約需 1 年時間，依此對應到航運業的景氣循環週期，約是 3 年，其中多頭時期約 1 年至 1.5 年（對應到新船興建時間），空頭時期也是約 1 年到 1.5 年。另外附加一點，航運業的旺季通常會徵收「旺季附加費」，所以新循環的谷底或原循環的高峰，很容易落在這個時間點。

　　明白上述觀點之後，評估合理的股價區間，可以參考右頁圖表的歷史股價淨值比區間。在 2020 年這次航運業榮景出現之前，長榮的股價淨值比最高曾經在 1999 年出現過 2.65 倍，因此，要預估 2021 年的股價，就應該以 2020 年的每股淨值 19.25 元乘於 2.65 計算，得出 51 元為目標價上限（19.25×2.65 ≒ 51）。但 2021 年由於新冠肺炎出乎意料的出現二度流行，影響勞動力供給造成塞港嚴重，讓運價呈現瘋狂飆漲，致使 2021 年股價衝破以 2.65 倍為基準的 163 元（2021 年每股淨值 61.76 元×2.65 ≒ 163 元），一度漲至 233 元。

　　不過，景氣循環股常常會超漲或超跌，並不算是異常現象，這種超出歷史區間的狀況通常不會持續太久，果然長榮股價在突破 160 元後不到 1 個月，便迅速又回跌到 163 元以下。至於股價的區間下緣，應該以預估年底淨值 111.29 元乘於歷史最低股價淨值比 0.64 計算，得出 71.2 元為滿足點，就算跌破也不會停留太久，因為這已經進入價值低估區，風險有限。

圖表 2-1　長榮（2603）股價淨值比歷史區間

年度	每股淨值（元）	股價（元）		股價淨值比		備註
		最高	最低	最高	最低	
1999 年	17.34	45.90	25.00	2.65	1.44	過往股價淨值比最高
2004 年	21.55	40.70	21.70	1.89	1.01	最氣高峰
2005 年	22.43	33.90	19.15	1.51	0.85	
2006 年	19.66	25.00	17.00	1.27	0.86	
2007 年	22.97	34.80	18.20	1.52	0.79	
2008 年	20.66	33.00	13.25	1.60	0.64	過往股價淨值比最低
2009 年	17.78	21.60	12.25	1.21	0.69	
2010 年	21.06	31.80	16.30	1.51	0.77	景氣高峰
2011 年	17.61	31.50	13.75	1.79	0.78	
2012 年	17.01	21.90	13.80	1.29	0.81	
2013 年	16.47	20.10	15.95	1.22	0.97	
2014 年	17.51	22.75	16.05	1.30	0.92	
2015 年	16.51	25.05	12.30	1.52	0.75	
2016 年	14.52	14.40	10.90	0.99	0.75	
2017 年	15.80	23.35	11.20	1.48	0.71	
2018 年	14.81	18.75	11.10	1.27	0.75	
2019 年	14.55	14.70	11.40	1.01	0.78	
2020 年	19.25	40.70	8.90	2.11	0.46	
2021 年	61.76	233.00	30.00	3.77	0.49	景氣高峰

資料來源：台灣股市資訊網。

圖表 2-2　長榮（2603）股價圖

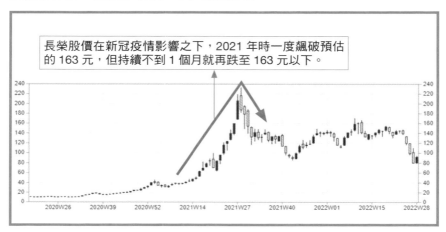

> 長榮股價在新冠疫情影響之下，2021 年時一度飆破預估的 163 元，但持續不到 1 個月就再跌至 163 元以下。

資料來源：台灣股市資訊網。

IC 設計產業：留意成長股，續抱 1 年半

　　IC 設計產業是成長股的代表，產業成長的動力來源是「創新」。不過，以科技創新的速度，加上競爭激烈的環境，使得榮景通常僅能延續 1.5 年至 2 年，之後後進者就會加入市場。後進者的成長進程大約落後 0.5 年到 1 年，再加上導入市場所需的時間，可以推敲出領先廠商的優勢大約為 1 年到 1.5 年。

　　買進這類股票後必須有耐心，從起漲點算起至少要放 1.5 年，才能累積到較高的投資報酬率。但也不建議抱到 2、3 年這麼久，雖然有些特殊公司能夠長期維持高度成長，但終究還是少

數。「一代拳王」是絕大多數公司的宿命，即使是當過幾屆拳王
的聯發科（2454），每一次的漲升波段，也很難超過 2 年。

　　IC 設計公司的毛利率變化，是重要的觀察指標，開始下滑
時，通常即表示有新競爭者出現，面臨價格壓力。就算最後取得
勝利，中間一定也會有一番廝殺，而使股價頻頻修正。不過，市
場上剛開始出現競爭對手時，股價也有可能波動，這時先不必緊
張，因為競爭者從現身到真正形成影響力，至少需要半年以上的
時間，此時反而是短線操作的買點。但要注意的是，若在這時加
碼，只要股價再次創新高，就要準備降低持股，獲利了結。

圖表 2-3　聯發科（2454）股價圖

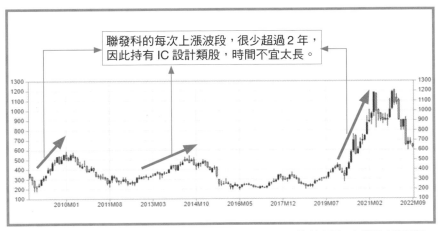

資料來源：台灣股市資訊網。

財經筆記

「一代拳王」理論

　　由聯發科董事長蔡明介所提出，由於 IC 設計產業的核心是新產品、新晶片、新製程技術，一旦確定了新的進程，很容易就能成為一時的龍頭，但也可能會因此迷失或忽略持續創新，很快又被競爭對手超越，而成為「一代拳王」。

下游系統產業：自有品牌市場，股價飆升關鍵

　　位於產業下游的系統相關產業，獲利重心在於企業經營效率，也就是 1 塊錢 1 年可做多少生意，如果成效越高，獲利自然越好。而這類公司最大的風險，在於「存貨」與「應收帳款」，一旦出現異常就要特別小心。

　　再者，臺灣的系統廠商發展到一定程度後，常會開始成立自有品牌，如果新品牌得到市場認同，通常會有一段蜜月行情，至於會延續多久，取決於新產品能拿下多大的市場。例如，電腦廠商浩鑫（2405，現更名為輔信）在 2003 年成功推出 XPC 系列產品，成為準系統領域的領導品牌，營運出現大幅轉機，股價漲升了 1 年多，幅度高達 2.5 倍。

　　要判斷公司推出的新產品能否成功，有三個思考層次：Must（需要）、Want（想要）、Nice to have（可有可無）。2007 年華碩（2357）推出的 EeePC，當時曾一度成功打出平價電腦的

定位，提供消費者「想要」有一個平易近人且不貴的電腦，以滿足上網、可移動的輕薄特性。不過公司後續未能管理好採購和存貨，加上其他品牌加入戰場，以及更新一代的平板電腦出現，完全取代 EeePC 的功能，使得這項產品曇花一現，推出短短 5 年就消失。

圖表 2-4　浩鑫（2405）股價圖

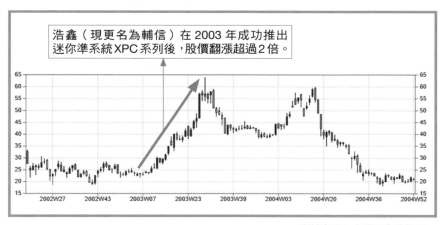

運用 3 步驟，專家幫你挑好股

　　散戶不像法人，有專業的研究團隊作後盾，能逐一發掘各個產業的變化，但是國內外大券商與外資，都會定期或不定期的發

圖表 2-5　3 大常見產業選股重點

產業類型	特色	投資重點	代表個股
景氣循環產業	● 市場有週期循環。 ● 供給的變化是關鍵。	● 產業景氣最差時進場。 ● 首選該產業的龍頭廠商。 ● 股價淨值比為評估指標。	台塑（1301） 長榮（2603） 台積電（2330）
IC 設計產業	● 蜜月期 1 年至 1.5 年。 ● 競爭激烈，常出現一代拳王。	● 毛利率下滑表示有競爭對手，股價可能面臨修正。	聯發科（2454） 瑞昱（2379） 智原（3035）
下游系統產業	● 營收規模大。 ● 毛利率低。	● 從消費者需求的 3 個層次：Must（需要）、Want（想要）、Nice to have（可有可無）觀察公司自有產品的成功機會。 ● 注意產品營收變化。	廣達（2382） 華碩（2357） 仁寶（2324）

表趨勢報告，透過這些公開發布的資料，仍然可以找到選股方向。雖然一般投資人取得資料時，時間已經落後一大截，但因為參考的是未來趨勢，所以時間落差影響不大。

懂得運用這些資料，就會像是專家幫你選股一樣，主要有 3 大步驟：

步驟 1：收集外資、投信、券商分析報告

投信、證券商、外資等機構，通常會在年底時發表對下一個年度的展望，是散戶蒐集資料的最佳時機。其中，外資機構所服務的客戶多為法人或中實戶（資金較多的投資人，但還未到大戶

層級），所以報告內容通常會是全球趨勢的分析，比較能提供宏觀的看法，特別是國際資金的流向、配置，更是外資研究單位的強項。本土投信與券商則因為地緣關係，對於臺灣本土的產業、個別公司有資訊取得上的優勢，分析內容也極具參考價值。

步驟 2：歸納共同看法作為投資參考

蒐集到各式分析報告後，首先要分類，例如分成總體經濟、產業發展、資產配置建議等，特別是總體經濟、年度重要事件、資金配置建議，可以一一列出，就能明確歸納出各研究單位都有共識的看法，作為自己投資時的參考。

像是 2004 年底時，幾乎所有研究報告都提到「MSCI（摩根士丹利資本國際公司）台股投資限制因子由 0.5 調高至 0.75，預計將帶來 1,500 億元至 2,000 億元資金」，當時就能研判出 2005 年的投資趨勢會有「摩根概念股」這一項。

至於獨樹一格的個別看法，如果無法進一步研判，建議先忽略，不列入投資考量。像我在 2004 年底所蒐集的筆記，就歸納出 2005 年的 3 大投資方向是高股利股、權值股及成長股，雖然並不能涵蓋 2005 年所有的行情趨勢，但事後證實這 3 類的股價的確都有相當不錯的表現。

而對於各研究單位發表新年度看好的產業，可將篩選重點放在兩種產業上，第一種是過去不曾被討論過，但現在不只被一家券商提出的產業。這種產業一旦成為主流，延續的時間會比較

長，漲幅也較大，兼具籌碼的優勢。例如 2008 年時的兩大趨勢為觸控面板與 Mini PC，前者提供更便利的輸入方式，後者雖然以價格作為訴求，但當時各家廠商都推出精緻設計，有效打動消費者，成為網路購物上的熱門商品。

第二種是過去曾被提及，現在又再度被大部分券商提到的產業。這一類可以列為次要重點，例如 2008 年時大家都看好北京奧運的需求，以及能源價格居高不下等議題，所以中概內需與節能概念的股票，就一定會被放入投資組合之中；而 2022 年至 2023 年的熱門產業，則是 AI 人工智慧、網路通訊、綠能產業。

不過，當熱門產業的股價已經延續達到 6 個月之後，就必須再重新評估，確認趨勢是否與當初預期的相同，市場供需有沒有改變，若有雜音出現，就必須有風險意識。至於個別券商單獨看好的產業，除非有特殊管道可以追蹤，否則應該放棄。

步驟 3：理出結論，進一步蒐集相關報告

從以上兩步驟歸納出投資方向後，建議將結論製作成表格，一方面加深印象，同時也方便隨時確認。接著，可以根據投資需求排出先後順序，再去蒐集各家公司的相關報告。例如：已經歸納出高股利的股票是下一步投資重點時，就可以去找各家公司前幾年的股息配發情形，然後推估今年大概會配發多少股息、扣抵率有多少、何時舉行股東會、何時除權等，這些資料都可以從各家券商、股市網站免費取得。

　　蒐集資料時也要注意，因為很容易就能取得大量的資料報告，所以必須對龐大資訊有所取捨，並有輕重之分，如果全盤接受，會造成資訊過量，反而亂了自己的投資步調。另外，為了彌補時效性的落差，也要注意隨時更新手中資料，特別是當某個產業或公司的實際營運狀況，與原先預期方向不一致時，才能即時發現，儘早出清持股。

第 2 節
復甦期第 1 招：
發現價值低估股

　　當景氣循環來到初升段，政府為了刺激景氣，通常會以寬鬆的貨幣政策來籠絡人氣，希望促進投資，增加成長動能；此時，市場資金成本低，資金流向股市的意願大增。可是放眼個股，大多數公司的獲利都還不理想，這時候該買哪一種股票獲利最快？答案是先從「價值股」下手！

　　在大多數的狀況下，股價的價值來自於「基本價值＋獲利成長價值」，至於那些股價漲得不合理的，都屬於異常，可以忽略、不要理會。基本價值包含一家公司的品牌價值、重置成本、商譽等，而獲利成長價值，則看每年的盈餘與未來成長幅度，即是這家公司的收益力及成長力。

　　當大家的帳面獲利數字都不好看，未來的成長性也很難評估時，最容易參考的就是公司的基本價值。比如說，當友達（2409）營運虧損時，為什麼股價還可以在 30 元上下，用這個股價去推算市值，代表的就是友達的基本價值。

　　而要成立一家公司，會有一定的資金門檻，也就是所謂的建

置成本，若是有另一家企業，要成立與友達相同規模及產能的公司，可能必須付出更高的代價，也會有閒置時間的落差，因而友達在面板產業就產生基本價值。

將基本價值應用在股市中，我們就能以股價淨值比來評估價值、篩選股票。

圖表 2-6　股價在衰退期時，僅反映公司的基本價值

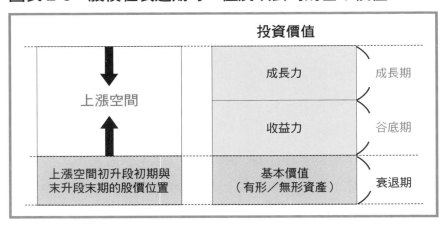

利用股價淨值比，篩選好股票

股價淨值比的意義，在於透過股票市值和公司淨值的差異倍數，來衡量公司現階段的股價是否被低估或高估。當企業普遍的

獲利都不佳時，就該進場挑選價值被低估的好公司。

股價淨值比（Price-Book Ratio，PBR）＝
股票價格÷每股淨值

「淨值」是一家公司總資產扣掉所有負債後剩下的價值，將它平均分配到每一股股權的金額時，就叫作每股淨值。例如將一家公司所有的資產賣掉後，可以換成的現金總額就叫做淨值，最後再除以股數就是每股淨值。

股價淨值比是判斷買進價位是否合理的指標，判斷方法有下列兩種：

判斷 1：股價淨值比小於 1

有些公司處於產業穩定的環境中，雖然財務狀況不錯，每年也有穩定盈餘，但因獲利缺乏成長性，常常不受投資人青睞，而導致股價跌落到淨值之下。這種公司只要確定不是地雷股，一旦股價淨值比跌到 1 以下，就是絕佳買點，因為未來股價淨值比有機會回到 1 ～ 1.2，潛在報酬不少，例如亞泥（1102）即是。

判斷 2：參考歷史股價淨值比區間

以一個景氣循環為區間，找出該個股每一年的每股淨值，與當年度最高與最低股價，可以算出淨值比的最高與最低倍數，即

可得知該個股的淨值比區間。

在綜觀循環期內的股價淨值比數值後，最低淨值比可參考前次循環的數值，再衡量此次循環的強弱加以增減，即可以估算出價值低估的臨界值。

以聯電（2303）為例。在 2012 年至 2021 年這個循環中，景氣循環谷底落在 2016 年上半年，而聯電的每股盈餘從循環初期的 0.49 元，逐漸增加到 2015 年的 1.08 元，到了 2016 年即跌至 0.68 元。我們可以 2016 年的最低股價淨值比 0.61 倍，作為股價是否低估的衡量基準：

每股淨值 17.74 元 × 最低淨值比 0.61 ≒ 10.82 元

計算結果為聯電股價低水位區約在 10.82 元，由此可知，當股價跌至 10.8 元時，就算進入超跌區，也就是已經達到買進的時機。

聯電最近一次跌破 11 元是在 2018 年，因為涉及竊取美光科技記憶體晶片的設計及製造技術，而被美光科技及美國司法部控告，當時消息一出，隔天聯電股價就下挫到 10.75 元跌停，之後最低跌至 10.4 元。這場訟訴歷經近 3 年，雙方終於在 2021 年底達成和解，當時聯電股價已經漲至 60 元上下水準，然而和解的消息仍讓股價隔天跳空上揚，隨後小漲一波。

由於景氣循環產業的股價落入超跌區的時機並不多，因為可以再運用股價淨值比的平均值來計算價位，當股價來到這個價位時，就是值得注意考慮買進的時候。

圖表 2-7　聯電（2303）股價淨值比歷史區間

年度	每股淨值（元）	每股盈餘（元）	最高股價	最低股價	股價淨值比（最高）	股價淨值比（最低）
2012 年	16.02	0.49	15.75	10.00	0.98	0.62
2013 年	16.68	1.01	15.40	10.90	0.92	0.65
2014 年	17.66	0.97	16.70	11.90	0.95	0.67
2015 年	18.28	1.08	16.10	9.92	0.88	0.54
2016 年	17.74	0.68	13.55	10.8	0.76	0.61
2017 年	17.45	0.79	16.80	11.30	0.96	0.65
2018 年	17.28	0.58	18.65	10.40	1.08	0.60
2019 年	17.66	0.82	17.05	10.55	0.97	0.60
2020 年	19.00	2.42	51.70	13.10	2.72	0.69
2021 年	22.51	4.57	72.00	43.05	3.20	1.91

圖表 2-8　聯電（2303）股價圖

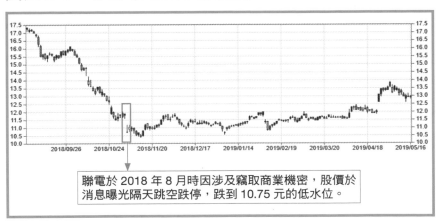

聯電於 2018 年 8 月時因涉及竊取商業機密，股價於
消息曝光隔天跳空跌停，跌到 10.75 元的低水位。

資料來源：台灣股市資訊網。

第 3 節

復甦期第 2 招：
挑戰高風險轉機股

　　在初升段期間，還有一種類型的股票也會出現驚人的漲幅，那就是轉機股。若能成功抓到轉機股，雖然風險高，但漲幅可能是價值股的倍數。許多轉機股的股價從 5 元、10 元向上攀升，動輒 8 倍、10 倍的漲幅時有所聞，成為初升段最凝聚人氣的個股代表。

　　例如 2017 年 8 月時，台積電派出自家資深處長、戰將陳家湘出任子公司精材（3374）董事長兼總經理，進行重整，2018 年大刀闊斧砍了 12 吋晶圓級封裝產線止血，緊接著 2019 年轉虧為盈，2020 年的獲利即大幅成長至每股盈餘達到 6.32 元，股價也從波段低點的 30.25 元，經過 2 年 3 個月時間衝高到 219 元，上漲了 6.24 倍之多。

　　這便是轉機股的迷人之處，精材能夠轉機成功，有兩大關鍵，一者有富爸爸台積電的加持，再者便是更換 CEO，而這兩者也是尋找轉機股的方法。

圖表 2-9　精材（3374）股價圖

精材在 2017 年更換了 CEO 之後，經過一連串的公司重整後轉虧為盈，股價也從 2018 年開始上揚，2 年即漲了超過 6 倍。

資料來源：台灣股市資訊網。

轉機股若「轉」得好，就會變身成長股

　　然而，玩轉機股的前提是心臟要夠強，畢竟轉機股與地雷股常常只是一步之遙，「轉」得過去就是轉機股，轉不成功就淪為地雷股。所以在尚未練好投資股票的基本功之前，不建議一般投資人貿然投入。

　　會被貼上「轉機」標籤的公司，往往就是過去有體質不好，或營運表現不佳的紀錄，或許是核心技術不夠強、產業前景不佳、經營團隊有問題，或是市場競爭過於激烈等，不論是哪一個環節出問題，要扭轉過來都是很困難的事，所以要投資轉機股，

必須花更多的研究功夫。

　　比起價值股和成長股，尋找轉機股更富挑戰性，尤其要找到公司正處於轉機的開始，然後營運逐漸步上軌道，躍升成為成長股，這樣得到的投資報酬率將是以 10 倍起算，而投資時間可能只要 2 年至 3 年。

4 大方向尋找轉機股

　　雖然轉機股不好找，還是可以從以下 4 個方向留意：

方向 1：辦理私募的公司

　　一個瀕臨危險的公司，想要展現轉機，就必須注入營運活水，像是引進新股東、新的經營或技術團隊、開發新的產線等，而這些行為，通常會具體展現在「私募」上。

　　所謂私募，是指公司不透過公開承銷的方式募集資金，而是自行找到投資人認購，私募認購的股份在 3 年內不能交易，這段期間稱為閉鎖期。透過私募，一方面可以規避主管機關對增資價格的要求，另一方面也因有閉鎖期的限制，新股東會以長線投資的角度，對公司營運發揮功效。所以當一家公司傳出私募的訊息時，可以馬上關注幾項要點：

　　1. 私募對象的背景。

　　2. 可能帶來的技術、業務。

3. 私募資金的用途。

雖然非公司內部人員不易掌握確切的資訊，但是透過搜尋過去一年的相關新聞，還是有機會拼湊出大致的輪廓，若是經過研判後，確定私募確實可以帶來長遠的幫助，就應該耐心持有。

轉機需要時間，若是消息曝光後推動股價上漲，不必急著追價，可以等到短線熱潮過後，股價進入回檔整理期再買進。但是要留意，私募並非萬靈丹，有些公司會假私募之名，行圖利個人之實，這是轉機股的風險。因此當出現公司對於私募對象語焉不詳、未提出資金使用的明確方向，或是私募輾轉落回大股東手中，就要特別留意。

方向 2：啟動併購機制的公司

啟動併購機制，通常是為了發揮一加一大於二的效果，多了解併購公司的企圖與企業的狀況，仔細觀察兩家公司的結合，也是覓得轉機股的好方法。只要發動併購的一方，能真心改造被併購的一方，並順利統合兩方的組織文化，就有機會成功。

一般來說，併購對象可以簡單分為兩個類型：「好」公司與「壞」公司。併購好公司的著眼點，不外乎是為了業務、技術、價值低估等，可以順利為存續公司添加營運戰力。若是併購壞公司，通常目的是「借殼上市」，這類併購在一段時間之後，若是成效顯現，就會更換公司名稱。

在已發生過的併購案中，有「台積電小金雞」稱號的采鈺

財經筆記

借殼上市

　　指藉由投資來取得市值較低的已上市公司控股權，利用它上市公司的身分，讓母公司的資產得以上市。被取得控股權的公司即是「空殼公司」，而通常在一段時間後就會被母公司改名。

（6789）是一個相當成功的例子。采鈺是光學元件製造服務廠商，原是台積電與外資夥伴豪威（OmniVision）合資成立的公司，除了得到台積電的技術移轉，至今三任董事長都有台積電的

圖表 2-10　采鈺（6789）股價圖

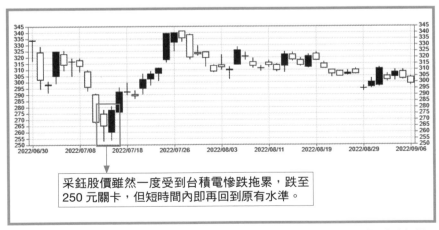

　　采鈺股價雖然一度受到台積電慘跌拖累，跌至250 元關卡，但短時間內即再回到原有水準。

資料來源：台灣股市資訊網。

背景。2016 年時被台積電納入旗下，成為台積電的子公司，隨著感測技術及應用的發展，采鈺的營收也一直以倍數成長，從 2019 年的 34 億元，到 2020 年時已成長至 69.5 億元，2021 年更達到 90.3 億元，一登錄興櫃，股價就衝破 500 元，成為興櫃股王。2022 年 6 月掛牌上市，加上新廠房落成，將在第 4 季投入量產，未來營運動能可期，2022 年的營收有機會再創新高。

不過併購也可能失敗，像是宣德（5457，原名為宣得）原本是以製造電腦連接線為主，在併購豐島後，營運重心轉往手機領域。但是新舊股東相互抗衡，使得營運方向不明確，雖然引進了新產品，卻無法守住原有業務，一消一長，使得併購後的公司反而看不見具體成效。

另一個併購失敗的例子，是環球晶（6488）併購同業的德商世創（Siltronic）100％股權，但最終以跌破眼睛的失敗結果收場。這樁併購金額高達新臺幣 1,300 億元，也是臺灣科技史上最大的併購案，由擁有多次國際併購成功經驗的環球晶董事長徐秀蘭主導，一旦成功合併後，公司的市占率將達到 26.7％，晉升為全球第二大矽晶圓製造公司，也會讓產業走進寡占局面，重建市場次序。

基本上，業界對於這項眾所矚目的併購案也是樂觀其成，並且收購方環球晶的管理能力、規模、併購經驗及開價，都受到被併公司的認可，有意願接受併購，不料卻因為大環境與政治變數告吹。

這樁國際併購案牽涉「反壟斷」問題，技術難度高，必須取得各相關國家的核准，包括臺灣、美國、韓國、中國、德國。經過 1 年的努力，收購價也由起初的每股 125 歐元，提高到 145 歐元，同時於 2021 年底得到臺、韓、美、日 4 個國家的核准，僅剩下中國及德國這最後一哩路即可以完成併購。沒想到德國因為 2021 年 9 月聯邦議院改選，沒有任何一個政黨得票率達 3 成以上，導致延遲至 12 月 8 日才成立聯合政府，然而併購案的核准期限是在 2022 年 1 月到期，德國當局最後以「時間不足」為由，無法發出環球晶併購世創的許可，併購正式宣告失敗，導致環球晶在 2022 年第 1 季需提列 60 億元的評價損失，侵蝕掉了 1 個股本的獲利。

方向 3：更換 CEO 的公司

當企業開始尋求轉機，就表示已經面臨經營危機，需要變革。而企業變革的第一步，也是首要關鍵，就是尋找適合的新管理者，所以公司在更換 CEO 時，便是隱含變革的契機。

企業選定的新任人選，首先要觀察是否只是子承父業，還是另覓的專業經理人，後者的轉機成功率會優於前者。再來則是要蒐集新任 CEO 的專業背景，檢視履歷時，應該著眼在是否有成功經營企業的經驗，至於有沒有顯赫的學歷，或曾經待過哪家大企業，在此時並不那麼重要。

當企業能尋得一位好的變革領導人，轉機之途就成功一半，

投資人當然也會願意加碼支持。像是曾經一手打造明碁手機部門的池育陽，2000 年時加入奇美，成立奇美通訊，在他的帶領之下，公司還在興櫃期間，股價就快速升上三位數。還有建漢（3062）於 2006 年時更換董事長，是郭台銘特地從美國矽谷延攬通訊業高手李廣益成為新任領導者，雖然上任初期營運狀況還不明朗，但股價已經從 40 元上下一飛沖天，站上 134 元，當時許多投資業界的行家就明白指出：「光是李董的經歷和能力，股價就值百元了。」

方向 4：富爸爸加持的公司

還有一種轉機方式，就是獲得富爸爸的全力支持後，能夠大幅改善或增加營運動能，進而讓公司業績再上一層樓。

2021 年 4 月時，郭台銘宣布以 18.56％的股權入股台康生技（6589），成為最大股東。不過在郭台銘入股之前，台康生技的營收就很亮眼，成立的第 3 年，在 CDMO（委託開發暨製造服務）方面的業務就已經達成損益平衡，之後每年持續穩定成長。台康生技的客群以日本、美國、歐洲、新加坡、中國為主，且訂單來源穩定，但近期出現了競爭對手韓國三星生物（Samsung Biologics），歐美客群與台康生技重疊，若台康生技能穩固日本、中國方面的客戶，應可維持住目前的營運績效，而郭台銘的加持，不只提供資金，他的人脈對於台康生技也是一大助力，能協助拓展中國市場。

圖表 2-11　台康生技（6589）股價圖

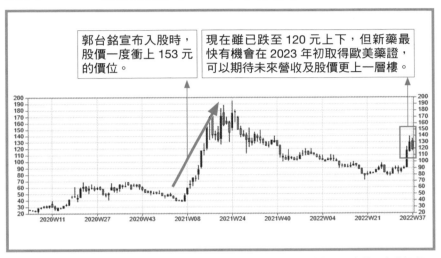

郭台銘宣布入股時，股價一度衝上 153 元的價位。

現在雖已跌至 120 元上下，但新藥最快有機會在 2023 年初取得歐美藥證，可以期待未來營收及股價更上一層樓。

資料來源：台灣股市資訊網。

　　另一個富爸爸以資金加持的例子，是專注生產鋰電池模組的 AES-KY（6781）。2014 年時，3C 產品電池龍頭廠新普（6121）因為看好電動車發展，便在中國常熟地區設廠，加入生產車用鋰電池模組，並成立子公司 AES-KY，持股近 9 成。而 AES-KY 受惠於電動車市場及工業備援電池需求的持續成長，營收逐年增加，2019 年的營收成長率 3.78％，2020 年及 2021 年跳升至 29.8％ 及 83.1％，2020 年的稅後淨利超過 9 億元，2021 年更上看 24 億元。2020 年 3 月以 168 元掛牌上市後，在新普資金支持及電動車題材的助益下，AES-KY 股價一路飆漲，僅 7 個

圖表 2-12　AES-KY（6781）股價圖

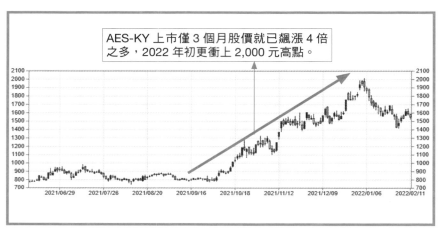

資料來源：台灣股市資訊網。

月即衝上千點，晉身「千金股」之一，2022 年初一度飆破 2,000
元，之後雖然下滑，但仍穩居千金股行列。

　　不過，一家企業能否長期成長，也不能完全只靠富爸爸撐
腰，最關鍵的仍是自身的競爭力，而這會從公司高階經理人的心
態透露出來。

投資轉機股不能急，漲太快反而有問題

　　上述提及轉機股可能出現的 4 個方向，如果可以同時具備 2
項，甚至 4 項兼備，那麼成功機會更大，比如在半導體業界最常

看見的富爸爸效應，也許來自管理（台積電 vs. 精材）的奧援，也許是資金支持（新普 vs. AES-ky）或技術移轉（台積電 vs. 采鈺），也可能是訂單（友達 vs. 瑞鼎）的挹注。

轉機股要變身成為成長股，必須經過一段鴨子划水、長時間的改革，在損益之間不躁進，才能把營運的基本功扎實做好。最怕基礎還沒穩固時，市場就一直嚷著：「狼來了！狼來了！」結果股價推高了，真實表現卻不如預期，導致股票被追殺，這樣來回幾次，就會留下「該公司是放羊的小孩」的印象。這種情況下，應該回頭檢視公司是否有按部就班的朝目標前進。

對於轉機股，在財務上的預估，切莫因為股價上漲而過度樂觀，否則極易翻船。要知道，如果這麼輕易就能達成目標，那就會是股市裡的優等生，不需要仰賴轉機了。

最後要提醒的是，有富爸爸加持的轉機股，若能持續轉機帶來的利基，就會晉升成為成長股。其中關鍵在於，被加持的公司本身必須具備特殊競爭力，才能在富爸爸的幫助之下效益倍增，甚至發展成獨占市場，否則就只會是加持與被加持的雙方，短時間的利益輸送，亮眼股價只是幻影。

第 4 節

另類的轉機股：生技新藥產業

　　談到生技股投資，許多投資人都望而卻步，特別是生技新藥公司，除了專業技術太艱澀難懂、「不親民」之外，缺乏損益數字、公司營運狀況的透明度不高，再加上浩鼎（4174）、基亞（3176）、杏國（4192）解盲失敗，甚至連成功完成 3 期臨床、取得藥證的寶齡富錦（1760）、中裕（4147）、智擎（4162）等公司，股價似乎也只是曇花一現，著實讓不少投資人受傷，鎩羽而歸。

　　不否認這些都是確實存在的事實，但是換個角度來看，生技新藥股卻是在轉機股屬性的公司中「最公平」的族群，除此之外，在上市櫃公司家數排名裡，生技族群僅次於電子股，很可能成為國家政策發展的另一個兆元產業，其中也必然存在不少具轉機條件的公司。

　　其實每個產業都存在著資訊不對稱的現象，尤其是半導體產業，能夠掌握到資訊優勢的人確實有利可圖。但是這個現象在生技新藥股上反而不成問題，因為新藥的開發曠日廢時，主事者都

是「真的」信心滿滿，相信自己會成功，反而是投資人有選擇買不買單的權力。

而影響股價最重要的幾個關鍵，比如臨床解盲的時間、新藥的市場規模、現有競爭者的狀態等資料，公司內部人員與用功的投資人可以取得的資訊落差極為有限，而且解盲是否成功，沒有人可以提前得知結果，都必須等主管機關正式公告，例如：美國食品藥物管理局（FDA）、臺灣衛生福利部食品藥物管理署、歐洲藥品管理局（EMA）等，等到一公布解盲結果，股價馬上一翻兩瞪眼，猶如抽樂透一般難以作弊。

財經筆記

兆元產業

指產值破兆元的產業，目前有半導體、網路通訊、伺服器、影像顯示、印刷電路板（PCB）、機械設備等 6 個兆元產業，生技產業可望成為第 7 個。

解盲

新藥實驗時，會分成給予新藥的實驗組，及給予安慰劑（例如生理食鹽水）的安慰劑組，研究人員和受試者雙方在整個實驗過程中，都不知道誰是哪一組，稱為「雙盲」，等到實驗結束蒐集所有資料，揭曉哪一部分是給予新藥，哪一部分是給予安慰劑，再分析比較，即是「解盲」。

選擇生技新藥股 3 要點

如何選擇生技新藥公司作為投資標的，有幾個步驟可以作為參考：

首先，研究公司的信譽及背後支持者。最好要有集團的奧援，畢竟新藥開發的時程很長，若是剩最後一哩路卻銀彈燒盡、功虧一簣，就很可惜。不過現在有很多新藥公司是新成立的，此時就要看主事者過去有沒有研發成功的經驗。

其次是，建議選擇已經進入 3 期臨床，並且收案完成一段時間的公司，最好在 1 年之內有機會解盲。畢竟時間就是金錢，而且隨著時間延宕，開發過程燒得錢更多，承受風險也更大。

最後是考量買進的價格，這不僅是未來期望報酬率的關鍵，更是持有風險控管的關鍵。可用 3 個角度衡量買進價格：第一個是蒐集該新藥市場規模有多大，可以分 5 年至 7 年，先以最終取得 10% 的份額為假設基準，然後用 DCF（ Discounted Cash Flow，自由現金折現）法計算價值多少；第二是看公司累計投入多少資金研發該藥，作為未來可能授權的權利金金額，來換算成公司的市值；最後是，買進價格最好預估在可能目標價的一半，也就是預期解盲成功後，第一波目標價能有 1 倍的報酬率。

比如在 2021 年 10 月解盲失敗的杏國，我就是採行上述的策略，在賺取 1 倍的報酬後獲利了結。在這次投資中，我先從公開資訊得知，公司預計在 2021 年下半年 3 期解盲，所以從 2020 年

底便開始關注股價與訊息，半年來的價格也都維持在 50 元上下整理。另外，杏國於 2008 年成立後，平均每年都會得到母公司杏輝投注 3 億元至 4 億元，進行胰臟癌新藥開發，估計約累計投入 60 億元，換言之，該藥一旦成功，預期公司授權金開價，必然是從回收全部投入資金起算，且至少會要求再高 1 倍，畢竟研發過程承擔了極大風險。而解盲成功後的初步目標價，應該會在百元之上，因此我將買入價格設定在均價不超過 50 元為原則。

由於杏國 2 期解盲獲得很大的成功，市場寄予厚望，在 2021 年 8 月傳出公司即將進入 3 期解盲，股價就開始飆漲，連日漲停直奔百元，最終停在 90 元至 100 元附近整理。此時我便賣出一半持股，收回原始全部投入的資金，之後公司確定正式申請解盲，股價再次往上，我再順勢出清持股。

會這樣分兩階段出清持股，前者是基於風險考量，在獲利 1 倍時即收回全部投入的資金，已經立於不敗之地；後者則是以風險報酬比的角度衡量，在不考慮超漲的情況下，若能達到 100 元價位的話，風險報酬比已經達到百分之百，就算再漲到 150 元也只是充分滿足，風險報酬比是一樣的，但若是失敗，恐怕會回到起漲點 40 元，因此最大報酬段已過，接下來的風險已高於期望報酬率，所以出清，但也因此成功避開解盲失敗，並挾帶 1 倍報酬率退場。

圖表 2-13　杏國（4192）股價圖

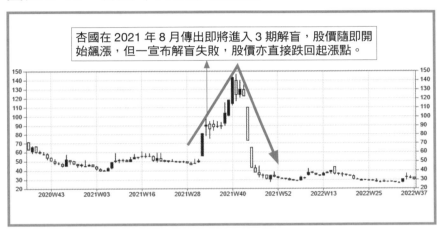

杏國在 2021 年 8 月傳出即將進入 3 期解盲，股價隨即開始飆漲，但一宣布解盲失敗，股價亦直接跌回起漲點。

資料來源：台灣股市資訊網。

算準風險報酬率，找到飆漲 5 倍好股

　　投資轉機股本來就是高風險，如果期望報酬率不夠高（應該要用 100％起算），在與風險相較後便不值得去冒這個險。

　　我在 2021 年 9 月前後投資生技股王藥華藥（6446），也是運用類似的思維。首先，該公司最大股東為行政院開發基金，等同於有政府策略性支持，公司發展方向與技術應該沒有太大偏誤；其次，股價在 100 元附近整理了很長一段時間，當時公司已經拿到歐洲藥證，但是治療 PV（真性紅血球增多症）的孤兒藥（即是罕見疾病用藥）最大市場在美國，這是一個只要取得

10％市占率，就可以達到 20 億美元營收的市場，但由於新冠肺炎疫情影響，延宕了美國 FDA 來臺視察的時間（必須通過視察才能核發藥證），因此還缺最後一哩路。

但由於歐洲藥證已經到手，再通過美國 FDA 核准的機率很大，所以我決定切入買進。至於目標價設定，當時藥華藥的股價在 100 元上下，若是用預估可達到 20 億美元營收來概估，10 億美元的獲利就是新臺幣 300 億元，換算公司 28.5 億股本，即是每股盈餘達百元之上，若是換算公司未來 5 年的淨值，估計也會達到 300 元之上，可見 100 元的股價是因為當時有歐洲合作夥伴 AOP 公司的官司纏身，才被低估，縱使公司最後被判決須賠償 48 億元，以未來年獲利動輒百億的盈餘來看，影響很有限。

果不其然，2021 年底藥華藥取得美國 FDA 藥證後，股價直奔至 422 元才停下來，之後官司定讞，藥華藥勝訴，櫃買中心也解除了公司全額交割股的處分，股價又再度走強達到 622 元，成為生技股王。

臺灣新藥股的方向──罕病用藥

生技新藥研發公司的經營難處，在於縱使通過3期臨床，在取得藥證前，通常會與國外藥廠合作授權，畢竟聲請藥證的難度很高、成功機會低，而授權可以收取豐厚的權利金。但這個運行模式，就無法從每個月的營收或每季的損益探知後續，新藥賣得

圖表 2-14　藥華藥（6446）股價圖

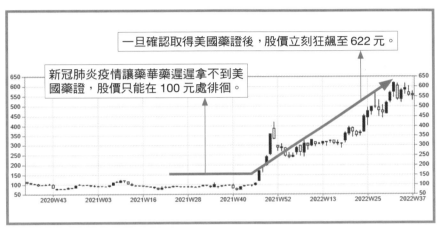

資料來源：台灣股市資訊網。

好不好、何時可以收取階段性授權金等，再加上進入銷售階段後，就必須與市面上原有的藥競爭，影響變數很多，也不易分析，都讓投資人難以評估、決定買股策略。

　　反倒是國內新藥研發公司，投入孤兒藥領域具有利基，一者國外少有競爭者，再者又享有高藥價及獨賣權，反而可以獲取最大利益，公司也較有能力採取「一條龍」的營運模式，即是全面整合研發、生產及銷售，以賺取最大利益。畢竟罕見疾病病患數少，病患反而有集中現象（會互相聯繫、共享資源），對於傳統醫療通路的仰賴度較低，排除原有的弱勢，我國生技新藥公司如果可以朝罕見疾病方向發展，會是值得專注的地方。

復甦期第 3 招：
高股息殖利率，讓你穩穩賺

當股市位於低檔區，大多數人受制於恐懼心理，都會選擇遠離市場，或是在場邊觀望，因此一再錯過低檔布局的機會。要如何克服恐懼？如果實在沒有勇氣進場，不妨以股息殖利率作為標竿，萬一股價就是漲不動，至少還有現金股利可領。股息殖利率是公司配發的股息除以股價算出來的比率，計算公式如下：

$$股息殖利率＝每股股息÷股價$$

此處的股息不含股票股利，只談現金股利，也就是可以領到多少「現金」。股息殖利率主要是從銀行定存利率的觀念衍生而來，不過，購買股票的價金與存入定存的本金，所承擔的風險不同（股價會波動，存款通常受到保障），所以我們要求的股息殖利率通常比定存利率高，主要是擔心賺了股利，卻賠上價差（股價下跌），這是股息殖利率應用上最需要注意的基本觀念。

景氣低檔，加碼高股息個股

基本上，定存本金的風險幾乎可以視為 0，但是股價的波動，只要有交易就會有風險。因此，高股息個股特別適合在景氣循環的谷底區、衰退期當作投資標的，這種公司因為本質好、有現金股息的保護，即使在市場一片慘澹時，股價向下空間相對較小。要怎麼挑股息殖利率個股呢？可以從以下 2 個重點下手：

重點 1：選擇股價、獲利穩定的個股

這類型股票通常以公共事業、獨占性事業、產業成熟度高的公司為主。一般而言，能夠符合股價波動度不大、獲利穩定的條件，該企業通常需要穩定的經營環境，不是進入門檻高，就是產業缺乏成長性，不會吸引新的競爭者加入瓜分市場。

以國內的環境來說，像是電信業，因為有法令、專利、資本支出等高門檻，使得 3 大電信公司中華電（2412）、台灣大（3045）、遠傳（4904）每年獲利穩定，當股市低迷時，就會成為資金的避風港。

此外，像是有線電視產業、瓦斯公司，同樣具備法令保護，且產業經營環境相對穩定，每年固定配息，使得不少以定存為目標的投資人，願意將資金停泊在此。

再者如高爾夫球產業，是一個幾乎寡占的市場，國內 4 家廠商即占有 8 成的份額，且每一家廠商各自有長期合作的對象（品

牌），廠商之間的競爭不激烈，彼此不衝突。再加上產業年複合成長率僅有 3%，很難吸引或承載新的廠商加入，供需次序非常穩定，只要殖利率在 5% 以上，便是好的殖利率型標的。

圖表 2-15　3 大電信公司現金股利配發狀況

公司（代碼）	2018 年	2019 年	2020 年	2021 年	2022 年
中華電（2412）	4.8 元	4.48 元	4.23 元	4.31 元	4.61 元
台灣大（3045）	5 元	5.55 元	4.18 元	3.38 元	3.74 元
遠傳（4904）	3.04 元	3.75 元	3.21 元	2.23 元	2.35 元

資料來源：台灣股市資訊網。

圖表 2-16　臺灣 4 大高爾夫球製造商現金股利配發狀況

公司（代碼）	合作品牌	2018 年	2019 年	2020 年	2021 年	2022 年
復盛應用（6670）	Gallaway、Titlelist	9 元	11 元	8 元	6.6 元	12 元
大田（8924）	PXG	3.4 元	1.2 元	3.8 元	5 元	13.7 元
明安（8938）	TaylorMade	2.6 元	2.2 元	2.3 元	2.7 元	5.5 元
鉅明（8928）	TaylorMade	1.5 元	1.5 元	2 元	1.6 元	2.5 元

資料來源：台灣股市資訊網。

　　不管是上述哪種情形，都需要時間驗證公司獲利的穩定性，這也是以股息殖利率作為投資研判依據最重要的前提，至於經營環境變化快速的產業（尤其是高科技產業），除非公司已經建立特殊競爭利基，否則盡量避免，因為這類公司的投資價值評估並不適用這個模式。

重點2：3項條件評估投資價值

　　當公司具備獲利穩定性高的特質後，最好再以通過以下3項條件篩選，可降低投資的風險：

　　1. 股價應貼近淨值：一般來說，股價穩定的高股息股，股價通常不會高於淨值太多，只有在大盤多頭時，才會創造出股價高過淨值許多的現象。從長期的角度，這樣的股價已被高估，未來將會修正，所以就算當時的股息殖利率不低，時間拉長後，股價的修正將遠高於股息殖利率。

　　因此，在挑選高股息殖利率個股時，最好將股價與每股淨值配合比較，挑選股價貼近淨值的個股，最高也不應超過淨值的2倍。如此一來，即使遭遇公司被清算這種最壞情況，也能拿回大部分的投資資金，有效降低風險。

　　2. 股息殖利率要高於10年期公債殖利率1.5倍：到底股息殖利率要多高才值得投資？採用何種標準評估見仁見智，但若站在長期的投資角度來看，建議採用10年期公債殖利率為指標，這代表長期利率的水準，高過這個水準才有投資誘因。

過去十餘年，全球一直處於低利率、低通膨的環境，但從美中貿易衝突之後，中國也開始停止輸出通縮，加上新冠肺炎、俄烏戰爭，過去全球化的紅利轉為區域競爭，很難再回到低利率與低通膨。2022 年下半年，美國 10 年期公債殖利率攀升到 3％之上，聯準會啟動的升息循環最終達到 3.5％，在此新環境下，對於股息殖利率的要求也應同步調升，尤其美國 30 年期房貸利率已經逼近 6％，換言之，股息殖利率至少應要求在 6％以上，才是較為合理的區間。

3. 所得稅扣抵率要高：自從兩稅合一實施，規定股息、股利收入須併入個人綜合所得，一併申報個人綜合所得稅，投資人實質得到的股利往往還要打折（視個人所得稅適用級距，部分所得要繳稅），因此若扣抵率越高，參與除權說不定還能有退稅的利益出現。但挑選高股息股，一定要先符合前面幾個條件為宜，否則為了節稅而賠了本金，得不償失。

依股息殖利率挑選原則篩選出的投資標的，絕對不會是「飆股」，而是期望能找出具有穩健收益與低風險的公司。當確定股市已從谷底區翻升，且股價已有一定漲幅（通常設定為 10％至 15％），就應該出脫，將資金轉到在牛市報酬率會比較好的標的，例如：成長股。

另外要補充一點，股息殖利率的計算不可以只看一個年度，必須至少回溯 5 年，通常一個產業或公司在 5 年的週期中容易出現營運的低潮期，這樣才能檢視出企業穩定與否。特別是 2020

年及 2021 年這兩年，因為美中衝突與新冠肺炎疫情，國內諸多
企業受惠甚多，也使得獲利爆衝，這種非常態的盈餘，建議要用
一次性業外收入的觀點來看待，以免誤判價值。

圖表 2-17　6 步驟教你挑好股

> 　　股息殖利率的計算很簡單，但是弄錯標的、誤用指標，往往會造
> 成血本無歸。除了遵守文中所提的原則之外，實務面的運用，建議可
> 以依循下列步驟：

步驟 1	蒐集各公司股利資訊（股東會旺季前，通常會公告當年度預計配發的股息、股利）。
步驟 2	計算股息殖利率是否高於 6%。
步驟 3	計算股價淨值比，以不超過 2 倍作為篩選的原則，若能在 1.5 倍以內更佳。
步驟 4	觀察過去幾年來公司的獲利是否穩定。
步驟 5	研判公司所屬產業別與在該行業中的地位。
步驟 6	從符合以上條件的公司，可再從中選出高扣抵率的個股，達到節稅效果。

圖表 2-18　30 檔股價淨值比 2 倍以下高股息股

股票代號	股票名稱	近 5 年平均現金股利殖利率（％）（2018 年～ 2022 年）	近 5 年平均股價淨值比（倍）（2017 年～ 2021 年）
4942	嘉彰	6.00	0.76
2347	聯強	6.16	1.53
2376	技嘉	6.33	1.82
3702	大聯大	6.36	1.33
1102	亞泥	6.42	1.00
5312	寶島科	6.45	1.49
8271	宇瞻	6.46	1.43
3005	神基	6.51	1.78
6216	居易	6.55	1.56
8131	福懋科	6.58	1.40
9927	泰銘	6.59	1.28
1558	伸興	6.62	1.78
4974	亞泰	6.65	1.52
4938	和碩	6.66	1.08
6214	精誠	6.66	1.43
3231	緯創	6.67	1.05
6184	大豐電	6.80	1.45
2324	仁寶	6.85	0.85
2451	創見	6.91	1.55
6151	晉倫	6.93	1.50
8401	白紗科	6.94	0.91
6161	捷波	7.16	1.36
6176	瑞儀	7.21	1.69
8213	志超	7.30	0.88
2535	達欣工	7.48	1.04
3028	增你強	7.57	1.14
2548	華固	7.69	1.39
2357	華碩	7.77	1.09
6186	新潤	7.97	1.34
3211	順達	8.57	1.41

註：列表僅為符合高股息股篩選標準之個股，以 2022 年 9 月 8 日之股價為計算基準投資時仍須以當時股價是否貼低淨值為主。

資料來源：台灣股市資訊網。

第 6 節
繁榮期第 1 招：
看營收數據找出優質成長股

　　前面說過，當股市處於初升段時，投資要「守中帶攻」，尋找低股價淨值比或高股息殖利率的好股票，因為這類個股抗跌力比較強。

　　一旦進入主升段，買股票的心態就要從「防守優先」轉為「攻擊優先」，且景氣也逐漸好轉，部分業績領先的公司，此時會開始展現業績爆發力。主升段行情，就是業績成長行情。

　　進入主升段，大部分體質優良的公司股價都已經從底區墊高，基本價值與收益力（盈餘）的部分也幾乎被滿足，投資人選擇個股的標準，則應從個別公司的成長力著手。

　　成長，絕對是股價上升的保障，成長股更是投資人的夢幻標的，因為會飆很大、漲很兇的股票，通常就是這類股票，在一個完整的循環裡，能夠獲利超過 1 倍以上，像是 3 年賺 1 倍，或是 5 年賺 3 倍，甚至 5 年賺 10 倍。

連續 3 年，每年成長 3 成以上才夠格

　　一家公司要維持怎樣的「成長水準」，才有資格被稱為成長股？除了營收與盈餘成長率越高越好，更重要的是能「持續」上漲，例如今年成長 2 成，明年成長 3 成，後年成長 4 成。不能只是一次性，或是不穩定，像是今年成長 5 成，明年衰退，後年又成長 1 成，則不列入成長股的範圍。

　　我們也可以先參考華爾街投資高手對於成長股的觀點。以提出「股價營收比」（Price-Sales Ratio，PSR）來評鑑飆股而聞名的肯尼斯・費雪（Kenneth L. Fisher），他認為超級強勢股至少要達到長期平均營收成長率在 15％至 20％；而另一位飆股大師威廉・歐尼爾（William J. O'Neil）則主張，最近 3 年盈餘最好成長達 10％以上，每季盈餘至少成長 18％至 20％。

　　但是，這樣的標準適用於台股嗎？我認為，大師所提出的標準是針對經濟成長趨緩的已開發國家，但在台股，或對於整個新興市場來說，目前仍處於成長力道較高的時期，所以標準應該要更高。因此，這個標準應該提高到「至少持續 3 年」，並且每年的獲利成長幅度也能在「3 成以上」的水準。公司盈餘若是每年成長 3 成，3 年後成長幅度便會超過 1 倍以上。

　　同時，當一家公司能夠連續性高成長時，會讓人不自覺調高對未來的預期，專業投資機構與多數的投資人，對於合理本益比的評價標準，自然會往上調高，也就是所謂的「夢越大，股價越

高」。通常市場一開始會從 10 倍左右為合理股價的認定，再隨著個股的成長表現，逐漸調高到 15 倍至 20 倍；連續高成長的時間越久，市場願意給的本益比越高，最後若有外在環境刺激，還會再出現「本夢比」，不過這就已經是不理性的階段。

具特殊競爭力個股，可長期持有

成長股，依其成長動力可分為不同類型，第 1 種是經營結構性的成長，動力來自企業本身，企業可能透過創新，譬如新的產品、新的技術規格等，像是蘋果的 iPhone、iPad，或是經營方法的創新，例如鴻海（2317）以優於同業的成本結構來吞食市場。

以鴻海來說，過去 20 年，它不斷透過營運手法的創新，壓低成本、提高經營效率。在成長過程中，不僅享受到整個 3C 產業成長的好處，更掠奪了競爭者的市占率，更厲害的是，它的成長能以同樣的營運手法，達到跨產品的成果。

另一家過去的成長股指標華碩（2357），則是不同的狀況。它在主機板產業中具備特殊競爭力，又一直努力要把這樣的競爭優勢複製到其他產業，例如跨足通訊業、個人電腦等，結果卻不盡人意，這是和鴻海最大的差異。

華碩自 1996 年掛牌後，持有 3 年的報酬率高達 13.2 倍，但若持續持有至今，報酬率卻反向減少至 10 倍不到，其中還未計算持有這 6 年時間的機會成本。如果前幾年華碩喊出的「巨

獅」、「捷豹」等計畫都能創造出真正的優勢，營運數字就不會僅止於此了。

投資這類型公司，龍頭企業是優先選擇，以聯電（2303）和台積電（2330）這十幾年來的表現來比較，投資人十幾年前買的若是聯電，放到現在，恐怕大多數是虧損狀態。

第 2 種成長股，則是具備產業環境特性的產業循環性成長，包括半導體、TFT LCD 等相關產業，因為大環境好就跟著好，通常一個循環大約可持續 2 年至 3 年。

例如生產製造鐵氟龍（聚四氟乙烯，簡稱 PTFE）的上品（4770），其主要產品是半導體廠的各種化學儲存槽及輸送管線設備，因為鐵氟龍的不沾黏特性，能提供半導體生產原料必須純化的要求，因此伴隨半導體產業而成長。上品獲得日本的技術轉移，經由再精進研發後，技術與品質都已超越日本；另外，在臺灣有75％的化學品運輸槽車槽體內襯是由上品供應，包括台塑、台積電、英特爾（Intel）都是其客戶，競爭力與市占率都很穩固。

2019 年至 2021 年的營收分別成長 8.55％、1.76％、45.7％，在 2021 年 12 月掛牌上市後，累積到第 2 季營收已經達 29.8 億元，逼近 2021 年全年的 38.3 億元，超越 2020 年全年的 26.3 億元，儘管近期半導體產業轉弱，但只要產線還在運作，上品就不怕沒有訂單。

圖表 2-19　上品（4770）連續 4 年營收狀況

年度	營收金額	同期成長比例
2018 年	23.8 億元	─
2019 年	25.9 億元	8.55%
2020 年	26.3 億元	1.76%
2021 年	38.3 億元	45.7%
2022 年第 2 季	29.8 億元	79.4%

資料來源：台灣股市資訊網。

圖表 2-20　上品（4770）股價圖

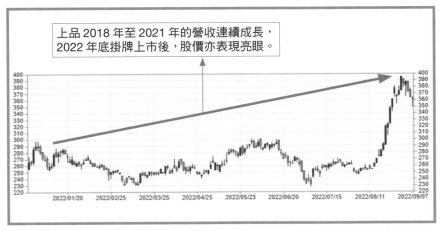

上品 2018 年至 2021 年的營收連續成長，
2022 年底掛牌上市後，股價亦表現亮眼。

資料來源：台灣股市資訊網。

圖表 2-21　具特殊競爭力個股，可長期持有

類型	成長動能	持有期間	代表企業或產業
特殊競爭力	成本優勢或創新能力。	通常為持續長期持有（競爭利基未消失前）。	鴻海、聯發科、宏達電。
循環性成長	大環境景氣循環。	一般而言不超過 2 年。	半導體、航運。

跨越高原期，競爭接踵而來

　　一般人要投資成長股並不容易，因為當大家意識到的時候，它已經走完成長階段的漲勢，接下來就要等待下一個轉折。

　　高成長股多以高科技產業最常見，通常是發掘一個新領域，迅速進入高成長期。但是，領先一段時間之後，一定會遇到其他人跟進，搶食這塊市場。

　　剛開始，領先的公司可能在成本部分具有競爭力，如果沒有把領先距離拉大，通常第 3 年之後，競爭者就會開始形成威脅，或是一個不小心就讓對手有機可乘，開始進入價格戰。倘若產品方向正確，讓市場規模變大，足以容納第 2 家、第 3 家，這時則不僅比「價」，更是拚「量」。這類產業以 IC 設計公司為代表，在有了競爭威脅之下，毛利率可能從一開始的 4 成多，降到3 成。但是市場變大了、產品量增加，營業費用率自然會下降，

整體而言，總利潤仍能達到目標。

2007 年 1 月登上臺灣股王的 IC 設計廠原相（3227），當初在接下任天堂 Wii 的感測晶片訂單時，Wii 還是全新的產品，Wii 上市的前後各半年，公司進入高成長期，也幾乎是股價最頂點，之後原相在 Wii 的獲利已經固定，不會再增加，除非有新一代的技術出現，讓需求暴增，才會再開啟另一波成長。

原相來自 Wii 的獲利，經過高成長時期以後就卡住了，除非它是一個很大的市場，可以不斷擴充市占率，才會被認為能繼續穩健成長，否則就只能等待另一個產品創造新的成長動能。

3 步驟篩出強勢成長股

接下來我將解釋，如何在日常生活中探尋成長股。基於一般投資人可以取得的資訊為出發點，建議分為 3 個步驟：

1. 從「概念」與「創新」的角度著手。
2. 篩選出符合成長定義，且最具潛力的標的。
3. 研判所屬類型，以決定持有時間。

1. 從「概念」與「創新」的角度著手

所謂的「概念股」，其實就是研究機構或媒體所整理出，未來市場可能看好的方向。但是要注意，裡面有些最終僅止於「概念」兩個字，無法真正落實。比如 2000 年的網路概念股，現在

回頭檢視，有一堆公司真的只剩概念（公司的名字），其他都不見了。

還有因為通訊的蓬勃發展，瘋狂搶進「砷化鎵」市場，博達事件（編按：為臺灣前博達科技董事長葉素菲，所主使之掏空案件，後來博達股票被停止交易，前博達科技董事長葉素菲涉掏空63億元資產，遭判刑14年、併科罰金1.8億元）就是一則有名的例子，當時國內對這個產業的產能擴充，已經超過全球的需求量，最後果真一個泡沫畫下句點。

2. 一個問題鎖定強勢成長標的：新產品或新功能的實用性與市場需求夠大嗎？

除此之外，個股成長動能延續性不夠、只能帶來一次性攀升，這種狀況下利多來得快、去得也快，要特別留意。這時，建議從研究機構整理出的資料中篩選，幫助你快速在市場中找出真正的金雞母。

舉例來說，2006年出現的所謂「4i概念股」（Wii、iPhone、WiMax、Vista）。其中微軟（Microsoft）的Vista系統所帶來的影響，是對整體PC產業需求帶來刺激，較無特殊之處。

但另外的Wii與iPhone，則屬於「創新」範疇，尤其是iPhone的影響性——因為iPhone帶動的，是手持式設備應用發展的新趨勢。

例如：未來鍵盤輸入的型態將被觸控面板取代，還有明確指

出影音、無線上網等功能，會成為手持式設備的必備功能。

現在耳熟能詳的 5G 概念股已經進入商業化的階段，6G 往低軌道衛星的發展也開始積極進行中；還有就是電動車取代燃油車的革命，也進入百家爭鳴的階段。這趨勢的發展已不可逆，想想 1885 年第一輛汽油車發明至今，已經超過百年以上，便可以知道應該要怎麼看待未來電動車產業鏈的發展。

3. 視個股優勢決定持有時間

延續前面的例子，iPhone 帶動的趨勢在 2007 年正式展開，一直持續至今。所以能迅速跟隨這個趨勢潮流的企業，加上具備特殊競爭力，最好有集團背景加持，就是投資人長期持有的不二選擇。

但反觀 Wii，產品本身並非創意不夠，而是最大的受惠者是任天堂。至於提供相關硬體的廠商如原相，初期的受惠程度很大，但是礙於遊樂器主機的出貨特性，只能維持約 2 年的高成長，所以值得持有的期間較短，股價的表現通常在 1 年左右即達到高峰，波動也會相當快速。

經濟學有一句名言：「需求創造發明。」若是「發明」不能滿足需求，或者激發不出真正需求，自然就缺乏延續下去的力量，很快被市場淘汰，成長股的攀升動力也是基於這一點。

還記得 2000 年風光一時的 PDA，最後經不起市場考驗而曇花一現。但是後來結合通訊、網路、影像的智慧型手機卻方興未

艾，更曾在台股創造出一代股王宏達電（2498）。不過，必須留意一件事，科技股的根本在創新，換言之，後進者前仆後繼，「前浪」稍有不慎，就會橫死於沙灘上，所以才會有「一代股王」這樣的形容，也經常是曇花一現作收。

圖表 2-22　原相（3227）股價圖

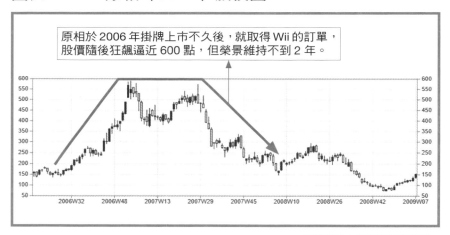

原相於 2006 年掛牌上市不久後，就取得 Wii 的訂單，股價隨後狂飆逼近 600 點，但榮景維持不到 2 年。

資料來源：台灣股市資訊網。

留意每月營收公告，掌握好買點

那麼，要如何才能掌握成長股的好買點呢？股價通常具有領先性，當每季的獲利數字發表時，股價通常已經上漲一大段，因

此，留意每月營收，是不能忽略的關鍵。

「太陽能電池廠昇陽科（3561）（按：已於 2018 年下市）公布 8 月合併營收 11.64 億元，再創新高，與去年同期相比，成長幅度逾 3 倍，年成長 205.59％，今日股價反映利多，強攻漲停。」

我們常常會在媒體上看到類似新聞，短期內要檢視一家公司的營運變化時，營收就是最即時，也是最重要的指標。這也是為什麼每個月 10 日營收公告前，上市櫃公司的股價往往有較大的波動，甚至餘波盪漾到營收公告之後的幾個交易日。

3 成長率指標，追蹤營收動能

如何觀察公司的營收狀況，首先要注意公告的營收數字是合併營收，或只有國內營收，這是因為，國內許多企業已把生產基地設於海外（特別是中國地區），子公司除了承接母公司訂單，有些也會在當地自行接單生產，甚至成功進入當地內銷市場。所以，檢視一家公司的營收，若只有觀察其公告的國內營收，是很難窺探這家公司的營運全貌。

由於目前只強制規定持股超過 50％ 的子公司要做合併營收，萬一該集團海外的比重很高，公司又沒有做合併營收，投資人可以直接打電話到該公司財務部或詢問發言人，否則只能等到半年報公告時，才會調整為合併報表。

　　要注意，如果一家公司的海外部分占整體營運比重大，卻刻意規避合併營收或報表公告，建議投資人盡量避開。若是無力製作這類報表，表示財務的管理流程不佳，或是有能力卻不肯做，更要小心公司是否別有企圖。

　　追蹤一家公司的營收成長率，可以從下列 3 項指標來觀察：

1. 年增率（與去年同期比較）

　　與去年同期比較的年增率，可以消除季節性因素的干擾。比如說電子業素有「五窮、六絕、七死、八回生」的說法，換言之，5 月、6 月、7 月這 3 個月是傳統淡季；所以，當進入淡季的營收數字與旺季比較，當然呈現衰退的機會大。但是如果跟去年同期相比還能成長，至少表示有一定程度的成長力。

2. 月增率（與上月作比較）

　　月增率沒有消除季節性因素，參考價值較低，但是遇到以下 2 種情形時，則特別要注意月增率的情況。

　　首先，景氣由谷底翻升時，年增率為正數是起碼的水準，月增率才是觀察重點，它不應該出現衰退現象。

　　其次，成長動力來自新商品推出時，第一個觀察重點是「6 個月」。理論上至少要連續成長 6 個月的時間，表示通過了市場的檢驗，之後才會真正進入持續高度成長，接下來至少會有 1 年至 2 年的成長期。國內 XC（家用準系統）的領導廠商浩鑫，

從 1 家主機板製造商轉型至家用電腦製造商，當產品通過市場考驗，接著就是延續了 1 年至 2 年的高成長。

3. 年增率的成長率

　　觀察年增率成長率是要看出成長的加速度，一般人較少注意，但這是尋找飆股一個非常重要的指標。簡單來說，就是一家公司不僅年營收成長，而且成長還加速的意思，比如上月營收年增率 20％，這個月為 30％、下個月 35％、接下去 50％、55％、60％等，具備這樣成長動能的公司，通常就是 1 支飆股，非常值得長期追蹤。例如太陽能產業的茂迪（6244）、中美晶（5483）、合晶（6182）等公司就曾經出現這種現象。

　　專門生產電子紙的元太（8069），在度過 2018 年、2019 年營收衰退的低迷後，因為近兩年電子紙的技術從只有黑、白兩色，進入五色彩色電子紙階段，應用層面也拓展到電子標籤、大型看板、公車站牌等領域，2020 年、2021 年、2022 年第 2 季的營收也急起直追，並且年增率也逐年以倍數成長，2020 年的營收年增率為 12.9％，2021 年為 27.9％，2022 年第 2 季為 58.1％，是現階段值得關注的目標。

　　再者，要仔細檢討營收的結構。目前主管機關嚴格要求，公司須就不同營業項目個別列出營收，雖然這個分類只是概略的區隔，不過對於同時有兩個以上主要營業項目的公司，還是可以窺出大致輪廓。

圖表 2-23　元太（8069）連續 3 年營收狀況

年度	營收金額	同期成長比例
2018 年	142 億元	-6.54%
2019 年	136 億元	-4.27%
2020 年	154 億元	12.9%
2021 年	197 億元	27.9%
2022 年第 2 季	134 億元	58.1%

資料來源：台灣股市資訊網。

圖表 2-24　元太（8069）股價圖

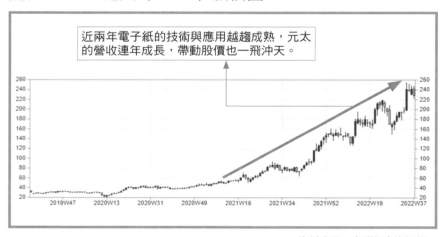

近兩年電子紙的技術與應用越趨成熟，元太的營收連年成長，帶動股價也一飛沖天。

資料來源：台灣股市資訊網。

產業上中下游，觀察重點不同

　　除了從營收成長率的類型去檢視成長動能外，不同產業類型，營收的意義也不相同，這可以從產業的位置概分為上游原料、中游零組件與下游系統（成品）3 個部分。

上游：留心毛利率變化

　　上游公司通常年營收相對於資本額的比率較小，1 元的投資大概只能做 1 元到 3 元的生意（營收），不過毛利率也會比較高。

　　若公司的年營收大於 2 倍以上時，表示公司的經營效率很好。這類型公司一旦達到經濟規模後，營收的波動不會太大，但毛利率就是觀察重點。很多時候，這類公司的獲利來自於毛利成長幅度高於營收成長幅度，半導體產業就是最好的例子。

中游：營收成長率做指標

　　在中游的零組件公司其實是居於產業最佳位置，許多飆股都是出現在這裡，比如鴻海集團旗下的鴻準（2354）、建漢（3062）、廣宇（2328），做鎂鋁合金的可成（2474）等。

　　它們的特色就是不受限於產業別，只要任何一個應用得到突破，就可跨入這個產業領域。比如鴻海是以 PC 用連接器發跡，核心技術在模具，除了可以使用在 PC，也可應用在通訊、汽車、消費性產品等，所以現階段鴻海不僅從 PC 領域出發，也

跨入下游系統組裝、網通產業、消費性電子產業等，並且都占有一席之地。處於這個戰略位置的公司，如果看見營收開始大幅成長，很可能就是新的明星股誕生。

下游：營收值最關鍵

下游的公司通常營收規模都很大，毛利率卻不高，獲利能不能有好成長，營收大都是決定的關鍵，不過在營收轉到盈餘的過程，要特別再留意存貨、應收帳款、關係人交易與匯兌的問題。

圖表 2-25　如何查詢營收結構

1. 進入公開資訊觀測站（http://mops.twse.com.tw/），點選：營運概況／每月營收／各項產品業務營收統計表。

2. 在搜尋欄位中輸入欲尋找之公司名稱或股票代號，並按下「查詢」，即可於下方看到該公司的營收結構。

資料來源：公開資訊觀測站。

圖表 2-26　如何查詢公司營收動能

1. 進入公開資訊觀測站（http://mops.twse.com.tw/），點選：營運概況／
每月營收／採用 IFRSs 後之月營業收入資訊。

2. 在搜尋欄位中輸入欲尋找之公司名稱或股票代號，並按下「查詢」，即可
於下方看到該公司的當月營收及年增率。

公開資訊觀測站QR code

資料來源：公開資訊觀測站。

繁榮期第 2 招：
透視本益比，挑對好股

一支股票的股價上揚動能，除了本身營收、獲利持續成長，能夠在 1 年至 3 年期間享有倍數利潤，其中一個重要因素，就是市場進行合理本益比的調整。

舉例來看，如果一檔股票每年獲利成長 3 成，是不是股價也會跟著漲 3 成呢？那可不一定，有可能是 3 倍，為什麼？股票迷人的地方就在於，如果公司停止成長，市場願意給予的本益比可能只有 10 倍，但若每年成長 3 成，市場願意給予的本益比可能是 20 倍，甚至更高！因此，透過本益比的調整，整體漲幅能夠快速達到倍數的報酬率。

要了解本益比調整的神奇魔法，首先，我們來看本益比是什麼，算式如下：

本益比＝股價（P）÷每股稅後盈餘（EPS）

每股盈餘（Earnings Per Share，簡稱 EPS）是指，每一股能

給投資人或股東帶來的收益，本益比這個指標概念源於利率，本益比也就是利率倒數的意思。以目前定存利率 1％來看，相當於拿 100 元去賺取每年 1 元利潤，所以本益比就是 100 倍。因為定存幾乎是零風險，所以能享有這麼高的本益比，而股票的風險高，所以本益比一般常見在 10 倍至 20 倍之間，但這也不是絕對，在網路泡沫時代，有些網路股的本益比可以高達百倍以上。

　　儘管本益比非絕對，投資人還是常問：合理本益比到底是多少？究竟怎樣水準才是「合理」呢？簡言之，先回歸到衡量一切投資報酬率的起點──市場利率水準，然後再視情形增減倍數。

　　因為股票投資有風險，所以要求的報酬率，一定會比市場的利率水準還高（就是所謂的風險貼水、亦稱風險補貼）。

財經筆記

風險貼水
　　指投資者對投資風險所要求的較高報酬率，以彌補投資者對高風險的承受，這種額外增加的報酬率，稱風險貼水。
　　在投資學裡有所謂的「無風險利率」，通常標的為政府公債或國庫券之利率。因為這些投資標的的風險近乎於零，因此除了這些標的以外的投資，報酬都必須高於無風險利率，否則投資者將不願意無條件承受較高風險。而高於無風險利率的額外報酬，就是所謂的「風險貼水」，通常與投資風險成正比。

　　例如，市場無風險利率水準是 1％，若期望有 6％的風險貼水，就會以 7％（1％＋ 6％＝ 7％）作為目標報酬率，換算成本益比約為 14 倍（1÷7％ ≒ 14.3），意即當本益比在 14 倍時，就達到願意投資的門檻。這裡也可以看出，本益比越低，報酬率就越高，股價自然就越吸引人。

3 要點掌握本益比

　　前面說過，當股市處於初升段時，市場多以股價淨值比來找好股票，一旦進入主升段，合理本益比會被當作股價初步滿足點（目標價），也就是說，如果股價偏高，買方的意願將大幅滑落，而賣方的意願則大幅提升，在雙方一消一長的情形下，股價就會維持在一個相對合理的狀態。

　　那麼，該如何計算合理的本益比區間呢？只要掌握以下 3 項要點：

要點 1：了解目前的本益比

　　要透過本益比研判股價是否出現低估、值得投資的起點，就必須先了解當年度的每股盈餘（EPS）多寡，才能計算出目前的本益比。

　　至於每股盈餘的取得，可以參考各券商發出的研究報告，報告中通常都會提供當年度的每股盈餘預估，散戶可以從網路、媒

體或向你的營業員索取相關資料。

要點 2：計算未來 1 年的本益比

　　股價是反映未來，因此明年度的每股盈餘與本益比也很重要，通常到了年底時，研究單位也會陸續發布對明年的每股盈餘預估，但計算法又可以分成兩種：

　　1. 直接用次年度的每股盈餘計算，尤其越接近年終時越重要（通常第 4 季時幾乎都是用隔年的每股盈餘衡量）。

　　2. 不以年度切割，而是以未來 4 季的每股盈餘加總，作為 1 年的每股盈餘。如果現在是當年度第 3 季，則以第 4 季、明年第 1 季、第 2 季、第 3 季的加總為計算基準。

　　這兩種做法各有優缺點，前者簡單明瞭，資料容易取得，並且符合一般投資人的習慣，但是不容易顯現公司成長的方向，尤其是企業出現營運上重大變化時，容易造成低估或高估的誤導。而後者，也因提早將未來的價值反映在本益比上，也會有高估或低估的情況發生。

　　比如原相 2006 年上半年每股盈餘僅 2.10 元，股價卻從 6 月下旬開始起漲，不明就裡的投資人必會認為本益比偏高，但就成長趨勢分析，第 3 季單季每股盈餘卻高達 5.20 元，此時 270 元的股價又明顯被低估。

　　至於後者的優點是，每股盈餘已將公司未來成長的方向預先計入迅速調整，比較能及時顯現出公司的未來價值，不過這種方

式不易與前一年度的財務數字比較，並且太早在本益比上反映未來價值，容易高估公司目前的價值。

要點 3：找出歷史本益比區間

一個簡單又好用的方法，找出公司過去幾年的每股盈餘資料，再將該年度的最高股價與最低股價，分別除以每股盈餘，就可以算出每個年度的本益比區間。

歷史本益比區間是評斷股價合不合理時，很好的參考指標。通常股價會在這個本益比區間來回震盪，長期高於或低於本益比區間的機會並不大，除非公司或產業發生重大的變化，影響整體趨勢。

以聯發科（2454）為例，2015 年至 2021 年的歷史本益比區間，大致落在 12.87 倍至 25.21 倍之間，平均本益比則約在 18.74 倍。換言之，若根據外資對該公司 2023 年的稅後每股盈餘預估 66 元為基準，那麼 2022 年 849.42 元（66 元×12.87 倍）的價格就是聯發科相對低價區，若是超過 1,236.84 元（66 元×18.74 倍），就是相對偏高的價位。

合理本益比的認定，除了可以參考過去的歷史本益比區間，符合以下條件的族群也會被賦予較高的本益比：

1. 具備市場題材者：像是 ECFA、政策開放受惠股等。

2. 當年度熱門的趨勢產業：1990 年代以金融產業為代表、2000 年代則是 IT 產業，2010 年代為節能省碳、雲端、觸控產

圖表 2-27　聯發科（2454）歷史本益比區間

年度	最高本益比（倍）	最低本益比（倍）	平均本益比（倍）	最高股價（元）	最低股價（元）
2015 年	30.40	13.70	21.40	505.0	227.0
2016 年	17.50	12.70	15.20	265.0	192.0
2017 年	22.50	13.00	16.70	350.5	203.0
2018 年	28.20	15.00	21.10	374.5	199.5
2019 年	31.60	14.50	22.40	464.0	213.5
2020 年	29.30	10.50	20.90	763.0	273.0
2021 年	17.00	10.70	13.50	1,200.0	752.0
平均	25.21	12.87	18.74		

資料來源：台灣股市資訊網。

圖表 2-28　聯發科（2454）歷史本益比區間變化

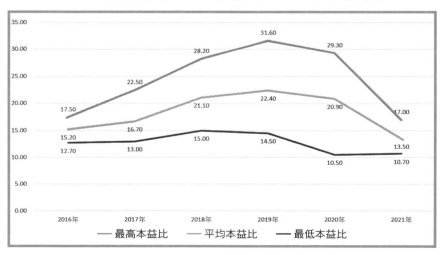

資料來源：台灣股市資訊網。

業，2020 年則是 AI 人工智慧、網通產業。

3. 外資法人是否納入指數成分股：像是被納入 MSCI 台股成分股等。

除此之外，還有一點必須特別留意，採用本益比作為對成長型公司中長期投資的依據，是相當實用的指標，但若是用錯地方，比如景氣循環股、配息型的公司等，恐怕就會失靈，投資人在使用前一定要審慎評估。

圖表 2-29　如何查詢個股每股盈餘

1. 進入公開資訊觀測站（http://mops.twse.com.tw/），點選：財務報表／
採 IFRSs 後／簡明報表／簡明綜合損益表（三年）。

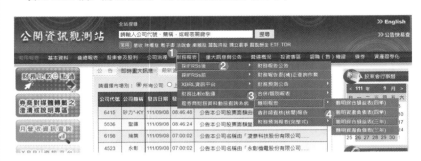

2. 在搜尋欄位中輸入欲尋找之公司名稱或股票代號，並按下「查詢」，即可
於下方看到該公司最新的損益表資料，拉到表格最下方即為每股盈餘。

	108年	109年	110年
營業收入	1,069,985,448	1,339,254,811	1,587,415,037
營業成本	577,286,947	628,108,309	767,877,771
原始認列生物資產及農產品之利益（損失）	-	-	-
生物資產當期公允價值減少售成本之變動利益（損失）		-	-
營業毛利（毛損）	492,698,501	711,146,502	819,537,266
未實現銷貨（損）益	-3,395	-	-
已實現銷貨（損）益		-16,382	

（接下頁）

營業毛利（毛損）淨額	492,701,896	711,130,120	819,537,266
營業費用	119,504,582	145,056,549	169,222,934
其他收益及費損淨額	-496,224	710,127	-333,435
營業利益（損失）	372,701,090	566,783,698	649,980,897
營業外收入及支出	17,144,246	17,993,482	13,145,417
稅前淨利（淨損）	389,845,336	584,777,180	663,126,314
所得稅費用（利益）	44,501,527	66,619,098	66,053,180
繼續營業單位本期淨利（淨損）	345,343,809	518,158,082	597,073,134
停業單位損益	-	-	-
本期淨利（淨損）	345,343,809	518,158,082	597,073,134
其他綜合損益（淨額）	-11,823,562	-30,321,802	-7,619,456
本期綜合損益總額	333,520,247	487,836,280	589,453,678
淨利（淨損）歸屬於母公司業主	345,263,668	517,885,387	596,540,013
淨利（淨損）歸屬於共同控制下前手權益	-	-	-
淨利（淨損）歸屬於非控制權益	80,141	272,695	533,121
綜合損益總額歸屬於母公司業主	333,440,460	487,563,478	588,918,059
綜合損益總額歸屬於共同控制下前手權益	-	-	-
❸ 綜合損益總額歸屬於非控制權益	79,787	272,802	535,619
基本每股盈餘（元）	13.32	19.97	23.01

資料來源：公開資訊觀測站。

泡沫期第 1 招：
快、狠、準，寧可少賺不要貪

　　當股市分析師在電視上說得口沫橫飛、隔壁麵攤媽媽忙著詢問股市明牌、餐廳裡大家都在談論飆股時，你會選擇將手上持股賣出嗎？

　　多數人都捨不得，甚至還會加碼買得更多，不光是為了賺錢，還有向朋友分享或炫耀的心理，這就是股市循環的末升段裡充斥著的「魔鬼的誘惑」。從初升段的驚恐、主升段的半信半疑，到末升段的充滿希望，許多投資人拋開先前的謹慎，沉浸在經濟成長與資金充沛的美好畫面裡，但是一眨眼，美好可能瞬間破碎，讓你付出昂貴的學費。

　　末升段，在波浪論中被歸為漲勢的第 5 波，也被形容為「邪惡的第 5 波」，因為它乍看之下是那麼美好，卻可能在一夕間變盤，吞噬掉你前面所有的獲利。

　　行情走到末升段時，外在投資環境、消費市場一片欣欣向榮，但從經濟基本面觀察，其實成長的引擎已經停頓。此時，名目 GDP 依舊呈現逐季成長趨勢，消費者物價指數（CPI）也跟

著走高，但消費市場已經產生通膨現象，民眾會誤認名目所得增加，實際的成長率卻早已被通膨吃掉，這就是不景氣階段前的「假性榮景」。

「假性榮景」發生在大多數人都還來不及認知的時候，因此，資金行情拱出末升段的股市、人心齊揚的美好景象，但是實質購買力並未提升，這些由資金吹出來的泡沫，很容易破滅，接著大環境就會進入嚴重修正的不景氣階段。

末升段行情可能將整個循環帶到最高潮，也就是股市最高點，即使美夢結束了，股市開始下殺探底，但是沉迷其中的投資人，初期仍捨不得逃離，最後只得一敗塗地。

因此，末升段操作的重點是在於快、狠、準，寧可少賺也不要貪，並在長線由多翻空之前，就開始作好隨時要離場的準備。由於第 5 波之後的跌勢既快又狠，記住！寧可錯賣在第 3 波，也不要對第 5 波的行情有過度期待。尤其不要指望當初從初升段開始布局的投資，可以完完整整賣在最高點，這時候要勇於空手、勇於少賺。

反彈小量著墨，短線現股買賣

如果實在手癢，沒辦法忍受股市在最熱絡時，自己卻是空手，建議可以遵守以下 2 個原則小量進場：

原則 1：避免使用融資

末升段時，隨時都會遭遇股市變臉的情節，加上買進的持股成本較高，隨便一個反彈都會瞬間吞食獲利，因此這階段的操作要全數以現股來進行，避免使用融資，以免萬一下跌，反而擴大虧損的幅度。

原則 2：短線操作為主

選股時，應該以短線操作作為選股依據。可以選擇像是業績捷報、除權息行情，或是季底公司、法人的作帳行情等時機點作為進場的因素，但是，當買股的理由消失時，切記不要依戀，小套牢時不要等待反彈，要盡可能快速離場。

當行情反彈、再下探的回測過程中，我們可以利用模擬策略（詳見第 3 章第 2 節）來推估每一次反彈的底部，我很喜歡用「剝洋蔥」來形容股市的分析，因為「層次感」十分重要，當我們清楚了解當下是處於哪一個階段、哪一個層次，才能做出正確的投資決策。

像是末升段的轉折點前後，那麼即使「眾人皆醒，我獨睡」，也要堅持空手的原則，等待初跌段的下跌滿足點浮現後，才能進場搶反彈。

隨著一次一次的摸底動作，當整個末升段已經跌到滿足點，進入盤整休息階段，等待下一次初升段來臨時，才能繼續新的投資策略。

　　最後要提醒一件事，末升段的操作「唯量是問」，當成交量逐漸萎縮表示支撐行情的人氣退潮（此階段非業績為動力），便要時時警覺，尤其在成交量指標出現死亡交叉，這時候應該且戰且走淡出市場。

泡沫期第 2 招：
避開地雷股，主力別來亂！

「這家公司明明業績就很好，怎麼變成地雷呢？」每當股市到達頂點，行情一片紅通通時，正是爛股票、地雷股混水摸魚的好時機。

末升段時，由於市場受到瘋狂資金的追捧，業績不好的公司也想利用這樣的資金行情大賺一筆，或是自行操作、或是與股市主力、老師配合，以「養、套、殺」手法，不斷編織、吹捧個股的業績前景，在熱絡氣氛下，吸引投資人一步一步進入「地雷股」的陷阱。

該怎麼看穿地雷股呢？其實地雷的成因主要來自 2 種情形，一是財報作假虛增獲利，最終目的是哄抬股價，以中強電子、陞技、雅新等為代表；二是挪用公司資金炒作股票失利，造成重大虧損，這以訊碟、國產車、新巨群、台鳳最有名。

觀察 2 大方向，揪出膨風公司

我們可以從財務報表中的關係人交易、應收帳款、存貨這 3 項，來留意「業績」問題；或是從流動比率、速動比率、利息保障倍數，將有「現金流動」問題的公司揪出來。

方向 1：看穿真假業績

虛增獲利最容易出現在關係人交易（或者海外子公司）、應收帳款與存貨上。由於會計上只要產品出了海關，便會計入營收及獲利，如果出貨地是設在海外子公司或發貨倉庫，就很容易產生漏洞。

也就是說，若是子公司並未將貨物賣給客戶，但是母公司此時卻已認列營收與獲利，一旦產品出現跌價或賣不掉，貨款沒辦法付給母公司，就成為應收帳款呆帳。

因此決定投資某家公司前，應該瀏覽一下財務分析資料，了解以下重點：

1. 關係人交易有無異常：用心查閱財務報表裡面的附註說明的「應收帳款說明」、「關係人交易狀況」、「轉投資公司狀況」等項目，就可以發現許多異常的地方，尤其若是外界早有傳聞公司有「作假帳」的疑慮，此時便應該多加關注。

2. 應收帳款情況：可以透過財務報表分析，應收款項周轉率、應收款項收現日數是否有異常波動來看。

3. 存貨：看看存貨周轉率是否異常，如果周轉率越來越低，通常表示存貨越來越多，一定要當心。

方向 2：洞悉資金五鬼搬運法

上市公司高層人員挪用公司的資金護盤、炒作或利益輸送，是另一種型態的地雷。為了看穿資金如何被搬運，可以利用資產負債表裡面的流動比率、速動比率及利息保障倍數這 3 個指標，檢視出公司的資金是否出現惡化現象。

1. 流動比率：指流動資產除以流動負債的數值，如果逐年呈現下降趨勢，表示流動資產漸減，或是負債金額高漲，如果流動比率低於 100％，表示已經償還不起短期債務了。

2. 速動比率：公司扣除屬於流動資產裡面變現較差的項目，如存貨、預付費用，只留下現金與應收帳款，然後除以短期的負債，數值越低，表示財務狀況越不好。

3. 利息保障倍數：這個項目代表的是，公司賺的錢夠不夠用來支付利息，當倍數掉落到 2 倍以下就很危險，至少要維持在 5 倍以上。

上面 3 個指標可以檢視出一家公司看起來賺錢，但錢實際上有沒有回到公司身上，公司既然賺錢，流動資產應該足夠支應負債才合理。所以當發現一家公司的償債能力不佳就要小心了，要不是過度投資、業務擴張太快，資金來不及支應，就有可能是公司被掏空了。

　　雖然從財務報表中不見得一定可以找出地雷股所在，但至少可以避開風險大的公司，投資本來就應該先控制風險，再追求最高報酬。

圖表 2-30　小心公司營收灌水手法

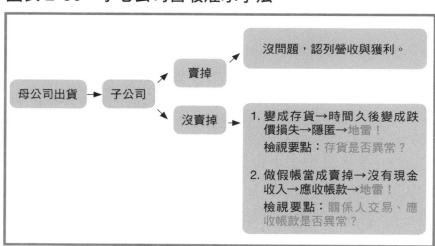

看穿 8 大警訊，揮別地雷股

警訊 1：過度膨脹產業前景

　　一窩蜂投入明星產業，並畫出產能與市場需求的大餅。像博達利用 2000 年網路、通訊相關產業景氣熱絡，對砷化鎵的需求

增加迅速之際，公司趁勢提出將大舉進軍炙手可熱的砷化鎵產業，並從股票市場大幅籌資。但是提出產能擴充計畫，還有逐月營收的成長數值後，經過概算，竟出現國內新增產能已超過全球需求量的怪異現象，明顯對產業前景過度膨脹，這便是相當大的警訊。

警訊 2：股價異常變化

許多公司在出事之前，都可以在股價上看出端倪。尤其是主力色彩濃厚、強力拉抬，但基本面未及時跟上的個股，要小心未來有崩跌之虞。

這類型股票很容易察覺，像是 2010 年連拉 30 根漲停的唐鋒，挾著進軍雷射晶片的轉機題材帶動股價翻揚 10 倍，但是基本面的表現並未同步跟上。

或是更早以前的台鳳公司，初期以土地開發活化資產為起點，並結合丙種金主與子公司共同拉抬，因為股價上漲，子公司投資收益增加，回饋母公司後獲利也增加上來，使股價有了支撐。但是不斷拉升的結果是已經偏離本質太多，淪為籌碼戰，最後崩跌下來，原本子公司買進母公司股票的利益變成虧損，雪上加霜，最後連公司原有的資產也賠光了。

狂漲的個股還容易讓人提高警覺，但是「一字型」的股價最容易讓投資人失去戒心。所謂一字型，就是股價持平不動，但是成交量每天都有數千張甚至萬張以上。股價在橫向整理的過程

中，經常有配合利多成交量同步增加，但是股價沒多久又很快回到原點，或者傳聞公司有在外尋找鎖單的對象，這種標的一定要避開，前者如雅新，後者如國產車。

警訊 3：可轉換公司債價格低於票面

可轉換公司債（CB）由於內含股票選擇權，票面價值雖然為 100 元（每張 10 萬元），相當於附贈 15％至 20％的選擇權價值在裡面，契約中也有在一定期限可要求公司買回條款，因此長期投資人通常不會在票面以下賠本賣出，除非公司出現危機，對於未來償還本金的能力有疑慮。根據經驗分析，當公司債跌落 70 元以下就是極大警訊。

警訊 4：財務長無預警離職

財務長應該是公司裡除了董事長、總經理之外，最了解公司內部運作情形的人，所以當財務長無預警離職，通常表示公司內部發生重大事件，比如博達出事前就頻頻更換財務長。

警訊 5：更換會計師與事務所

除了財務長，了解公司財務狀況的還有會計師與會計師事務所，法令規定企業每 4 年要更換會計師，是基於避免會計師與公司過於熟絡而產生舞弊，但是更換頻率太高，或者更換的會計師事務所規模越來越小，這都是公司出現問題的前兆，需要對該公

司的財務狀況抱持懷疑態度。

　　當想投資的公司更換會計師時，不妨查詢一下，新任的會計師過去都簽證過哪些公司，如果其中多是爭議性較大的公司，就要特別小心了。

　　再者，財報上面出現「有條件的保留意見」，一定要詳細了解是什麼原因。比如歌林在 2008 年 7 月 3 日公布更換會計師事務所，卻一度未能決定對象，隨後即爆發轉投資美國 Syntax Brillian 公司失利，應收帳款異常的消息。

警訊 6：企業子公司眾多

　　企業越單純越好，經營才容易聚焦，反之太過複雜，就容易在管理上出錯，或是藉由關係人交易，發生藏污納垢之事。

　　像先前提到的，以國內的會計原則，出貨給子公司可以認列營收與獲利，如果子公司未能將貨物銷售出去，或者銷售利潤低於原先認列數字，會在合併報表裡面顯示出來，倘若沒有編列合併報表，這個部分則會放在營業外的部分，然而一旦放在業外，就很難了解公司實際狀況。如果連會計師也很難實地查核，最多也只是出具「有條件的保留意見」，說明海外的部分沒親自去查，數字是公司給的，等到出問題時，事情就大條了！

警訊 7：企業主有誠信問題

　　企業經營以人為本，一個 CEO 的好壞，幾乎決定一家公司

未來的成敗，所以企業主的誠信不僅影響股價表現，更是影響一家企業長期發展的重要因素。

比如力霸集團旗下幾家公司，絕大多數人對於王又曾的誠信存疑，當時若忽略這一點而持有相關公司的股票，事後血本無歸，也只能啞巴吃黃連了。

警訊 8：董監事質設比率高

一家公司的董監事，若持股質設比率（指將股票設定為抵押品，進行融資），高達 6 成至 7 成以上，可能表示大股東的財務吃緊。若是還同時出現下列 2 種現象，更應該提高警覺：

1. 公司上市櫃才 2 年至 3 年，掛牌後即辦理高價的現金增資，其後股價卻長期低於當初現增價格，就要小心大股東當初是否為了面子，吃下了高溢價的現增。

2. 所屬產業景氣長期低迷，也是一種警訊。末升段時通常市場氣氛一片大好，投資人最容易在此刻失去戒心而誤踩地雷，因此，末升段時獲利多少在其次，最要緊的是當心地雷股，才不致於功虧一簣，在最後一刻白忙一場。

圖表 2-31　企業成為地雷的原因

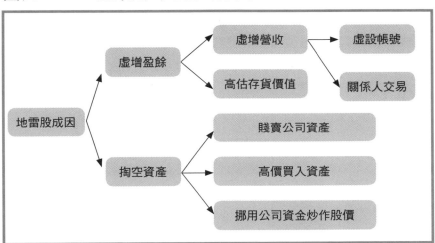

圖表 2-32　投資前先查閱公司財務分析資料

1. 進入公開資訊觀測站（http://mops.twse.com.tw/），點選：營運概況／
財務比率分析／採 IFRSs 後／營益分析表。

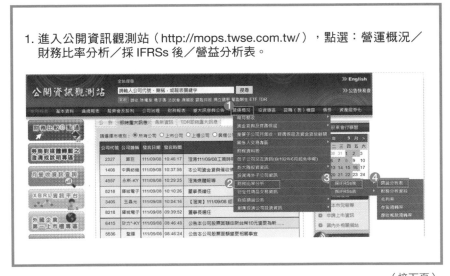

（接下頁）

2. 在搜尋欄位中輸入欲尋找之公司名稱或股票代號，並選擇要查詢的年分，按下「查詢」，即可於下方看到該公司最近 3 年的營收狀況。

本資料由　(上市公司) 台積電　公司提供

本公司採　月制會計年制(空白表歷年制)

註：第一季係指1至3月、半年度係指1至6月、第三季係指1至9月、全年度係指1至12月。

		營業收入 (百萬元)	毛利率(%) (營業毛利)/ (營業收入)	營業利益率(%) (營業利益)/ (營業收入)	稅前純益率(%) (稅前純益)/ (營業收入)	稅後純益率(%) (稅後純益)/ (營業收入)
107年度	第一季	248,078.67	50.33	39.03	40.29	36.19
	半年度	481,355.48	49.11	37.66	38.96	33.67
	第三季	741,703.36	48.50	37.28	38.62	33.87
	全年度	1,031,473.56	48.27	37.19	38.54	34.05
108年度	第一季	218,704.47	41.31	29.39	31.18	28.07
	半年度	459,702.94	42.22	30.58	32.35	27.88
	第三季	752,748.38	44.30	33.01	34.68	30.46
	全年度	1,069,985.45	46.05	34.83	36.43	32.28
109年度	第一季	310,597.18	51.76	41.38	42.55	37.69
	半年度	621,295.55	52.37	41.79	43.22	38.30
	第三季	977,721.75	52.76	41.90	43.33	38.39
	全年度	1,339,254.81	53.10	42.32	43.66	38.69

3. 也可點選：營運概況／財務比率分析／採 IFRSs 後／財務分析資料。

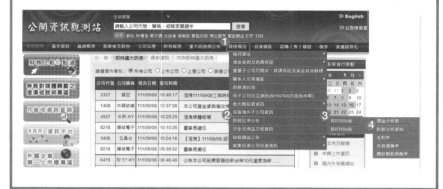

（接下頁）

4. 在搜尋欄位中輸入欲尋找之公司名稱或股票代號，並選擇要查詢的年分，
按下「查詢」，即可於下方看到該公司最近 3 年的財務狀況。

第 10 節

空頭搶反彈，題材股就是王道

當景氣過了高峰，就會出現盛極而衰的現象，開始往下探底，一般稱之為空頭市場或熊市。多頭市場是漲多跌少，空頭市場則是跌多漲少，有些人會在空頭市場中靠放空賺取大利潤，但堅持不作空的投資人，其實也能利用熊市反彈得利。

「反彈」是一種慣性，或是低基期造成短期成長的假象，特質是短暫且快速。由於在時間軸上，循環的趨勢依舊向下，因此時間並不利於行情的推動，盤面會改以「跌深」與「輪動」取代基本面，這個時候，具備「題材」的個股，就會是盤面搶先機的標的。

5 大方向選股，打通任督二脈

當行情大方向界定為「跌深反彈」後，在搶反彈的選股法上，可以融合運用先前學會的幾種選股方式，從下列 5 個方向來挑選：

方向 1：題材個股為重心

　　輪動快速與背離基本面既然是重要特質，題材就成為股價投機的重心。

　　以 1 年的時間來做題材分析：通常原油在第 1 季為谷底，接著才出現彈升，當原油價格逐步墊高，預期太陽能族群就會被帶動而相對強勢；再者，每年 4 月到 6 月開始股東會行情，高股息有機會成為盤面重心；7 月到 9 月為一般電子業的產業淡季，此時可以反向觀察挑選其他產業，像是遊戲股、觀光等傳產股，多以暑假為營運旺季，題材面較多。

　　至於年底，則是歐美消費旺季與作帳時刻，可以挑選傳出捷報的電子股、或是預備作帳的集團股。其他也可以留意政府的一些政策，像是開放哪些產業限制、兩岸關係進展等，都會為一些具備突破現況，增加產業競爭力的族群添增題材。

圖表 2-33　1 年中各時期的題材分析

時間	題材事件	影響產業
第 1 季	原油價格從谷底回升。	太陽能族群被帶動而相對強勢。
4 月至 6 月	股東會行情。	高股息股成為盤面重心。
7 月至 9 月	電子業淡季、暑假。	遊戲股、觀光產業。
年底	歐美消費旺季及作帳時刻。	年度財務總結有捷報的電子股、預備作帳的集團股。

方向 2：高股息個股易出頭

當市場一片哀嚎聲，仍會有口袋深的人進場操作，為了降低投資風險、增加個股防禦性，此時，高股息殖利率的個股會較受市場青睞。

依以往的經驗來看，景氣不佳時，政府會調降利率，刺激資金流動，當市場利率不到 2％的水準時，6％、8％以上的股息殖利率，自然可以得到部分保守型投資人的青睞，反彈時，也較容易成為追逐標的。但切記，買入這類股票的初衷是為了搶反彈，不是要領股息，所以一旦搶到價差或價差不如預期時，就要壯士斷腕，走為上策，千萬不要搶反彈不成，又被迫住進套房，變成長期投資的股東。

方向 3：跟著政府政策走

在景氣低迷時期，各國央行除了努力降低利率，釋出資金到市場外，也會大力鼓吹消費與提出增加公共支出的振興經濟方案，跟著政策的腳步挑選產業，自然有超乎預期的績效。

例如：新興市場多側重在基礎建設；而歐美已開發國家則會在新科技、環保的建置上著墨，像是通訊相關建設、綠能等，所以一些公共工程概念、電信概念等，也成為此階段相對受惠的族群。中國也是值得關注的地方，尤其他們標榜計畫經濟，政策一旦推出，使命必達，加上經濟體龐大，會是重要搶進的商機。

或是依據當時市場氛圍，來判斷是否有新議題在發酵。像是

2008 年發生金融海嘯時，國內掀起無薪假風潮，不用上班的人數倍增，也帶動線上遊戲成為炒作的題材，同樣的情況也發生在新冠肺炎疫情期間，遠距工作及教學帶動筆電等 3C 設備，雖然看來有點諷刺，但是相關公司營收確實呈現微幅逆勢成長。

方向 4：價值型投資有保障

當景氣向下修正，以成長的觀點來選股將會失效，或者說，此時根本不存在成長股。所以，此時本益比指標重要性退居幕後，價值型投資再次當道。

景氣不佳時，股價通常會出現嚴重低估現象，找出歷史股價淨值比的低點，會是很好的買進參考依據。

一般來說，通常個股的最低淨值比會落在產業衰退階段的期間，可以參考前次循環的數值，再衡量此次循環的強弱加以增減，即能估算出價值低估的臨界值。

方向 5：善用利率循環法

景氣循環進入衰退末期或瀕臨谷底時，企業的業績不是持續往下，就是還沒出現明顯轉好的跡象，很難用業績作為股票推升的動力來源。

這時政府反而會利用降息刺激景氣脫離谷底，使實質利率不斷降低，這時，投資人通常會比較願意給予個股較高的本益比，因此當企業的每股盈餘止穩或者衰退的幅度，小於預估本益比因

財經筆記

3 個景氣循環均向下修正時，整體經濟復甦還需 3 年至 5 年。
　　經濟循環主要由 3 個活動循環構成，包括：

● **存貨循環**
　　當實質利率偏低時，就會帶動貨幣供給增加，市場買氣上揚，誘使企業訂購更多存貨，進一步將存貨比例拉高，一個存貨循環的週期約 3 年至 5 年。
　　存貨裡包含大量的耐久財，如家電、汽車。消費者對未來感到擔憂時，會立刻延後購買，導致循環波動性較高。

● **資本支出循環**
　　當市場買氣越來越旺，企業逐步拉高存貨後，工廠則會面臨產能瓶頸，為了增加產量，因此只好再度投入資本支出，整個資本支出循環週期約 9 年。
　　每一次資本支出熱潮存在於一個顯著的產業。前幾次分別由紡織機械、電力、飛機、化學、IT 等產業所領導，每個產業也會經歷各別泡沫和崩潰，像是 2000 年的電訊網路泡沫。而資本支出泡沫崩潰時，通常也是股市大幅下跌時。

● **房地產循環**
　　全球 GDP 約有 10% 由建築活動貢獻，也就是說，若是房地產建造活動降低三分之一，將導致 GDP 降低 3%，所以營建過去有「經濟火車頭」之稱，根據房屋使用年限、住宅需求、都市化等，一般房地產循環週期約 18 年。
　　這 3 個循環也會產生共振傾向：第 2 個存貨循環的谷底會與 1 個資本支出循環的谷底同步；而每 4 個存貨循環底部會和 2 個資本支出循環、1 個房地產循環底部同步出現。

利率下跌而提高的幅度時，股價就會慢慢回升。

　　相對來說，一些對利率比較敏感的股票、資產股、股價超跌股（股價低於清算價值或重置成本），也會成為這個階段選股的重心。

第 3 章

何時該保留現金，
何時該 All In ？

第 1 節

有賺就落袋為安，
會賣才是真功夫

　　股市裡有一句顛撲不破的名言：「會買股票的是徒弟，懂得賣股票的才是師父。」即使看錯行情或挑錯股票，如果能選到一個好賣點，可以大幅降低損失，甚至全身而退；如果行情判斷正確，那更是利上加利，會賺到合不攏嘴。

　　譬如，在一個長期投資循環（約 5 年），你好不容易等到低點、也買在低點，如果在起漲 2 個月後就賣出，可能只賺了 2 成；若堅持到第 2 年再賣出，可能可以獲利 8 成；如果第 3 年還抱著，或許已經賺了 2 倍；但到了第 4 年才想賣，可能報酬率已經極盛而衰，從 2 倍變成 1 倍；如果想等它再多漲一點回來，硬撐到第 5 年，結果報酬率只剩下 3 成，幾乎重回原點，挑錯賣出時間，枉費低檔布局，更浪費了一次多頭行情。

2 指標、5 訊號，浮現賣股良機

　　太早或太晚出場，都是遺憾，但憑良心說，到目前也沒有任

何一種指標可以精確的讓你賣到最高點。不過，投資的目的是在股市賺大錢，不需要也不可能賺光每一分錢，所以可以利用 2 個總體經濟（簡稱總經）指標，以及 5 種個股訊號，來研判出脫股票的區間，達到賣在相對高點，拉高獲利。

先用總經指標看出循環週期的大方向。在景氣上升時，上漲的股票多，下跌的股票少，就算是射飛鏢，射中上漲股票的機會也比較大。反之，在下跌週期時，下跌的股票多，上漲的股票少，就算挑中潛力股，也可能受制於大盤而漲不動。

總經指標 1：看景氣領先指標變化找賣點

從景氣領先指標走勢，可以觀察景氣變動情況，其轉折點通常都會比景氣循環的轉折點早，或是同步。因此當看到領先指標 6 個月平滑化年變動率從高點往下彎時，就要留意了。

若是下彎 1 個月又拉上去，就沒關係，但是當連續 2 個月至 3 個月下彎時，最好先逢高調節、退場觀望。

總經指標 2：看 GDP 找賣點

先前談過，景氣循環與股市循環呈現正相關，所以最好每季都瀏覽一下 GDP 的走勢，因為 GDP 與加權指數之間有低點同步、高點領先的特性。

假設主計處公布的 GDP 預測值中，發現來年第 1 季是 GDP 的高峰，那麼在該年度的第 4 季末時，就要特別留意，操作應該

圖表 3-1　景氣領先指標領先台股大盤

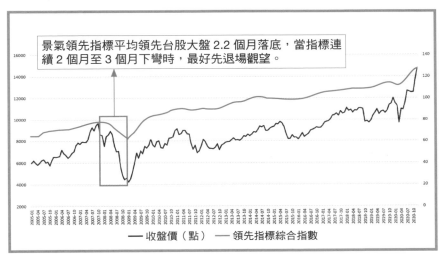

景氣領先指標平均領先台股大盤 2.2 個月落底，當指標連續 2 個月至 3 個月下彎時，最好先退場觀望。

收盤價（點）　　領先指標綜合指數

資料來源：台灣股市資訊網。

財經筆記

景氣領先指標

　　由外銷訂單指數、實質貨幣總計數、股價指數、製造業存貨量指數、工業及服務業加班工時、核發建照面積（住宅、商辦、工業倉儲）及 SEMI 接單出貨比等 7 個項目所構成，具有領先景氣變動的性質，可預測未來景氣的變化，每月由經建會編製、發布。

偏向保守。再配合領先指標的走勢，如果與 GDP 一致，都由高點向下彎，縱使盤勢很強勁，都應該要從空方的角度去看接下來

的投資策略。

個股訊號 1：目標價被多次調高

　　「科技業飛來春燕，XXX 目標價上看百元。」這樣的報導是不是感覺很熟悉？投資人很容易在報章雜誌或是研究報告中看到類似的標題，這個時候，你打算賣出手中的持股，還是持股續抱，等待股價再創新高？

　　市場上專門研究產業、公司動態與經營的分析師，不定期都會撰寫研究報告，除了分析公司營運情況，也會提供目標價給投資人參考。

　　目標價不是不能參考，但是務必注意，只有第一次訂出來的目標價最具參考價值，後來會再往上調高，大都是因為股價已經貼近目標價，加上市場氣氛熱絡依舊，分析師的預估會越來越樂觀。但這種調高目標價的態度並不嚴謹，通常也是暗示股價開始進入不理性的區間，這時候反而應該逢高找賣點。

　　至於賣點怎麼找？一旦發現這檔股票大量長紅後，股價拉回量縮，若是股價再度上漲突破前次高點，成交量卻沒有同步增加，最好開始減碼。

　　不論是內資或外資，分析師對個股的評價報告都可透過報章得知，如果無法直接取得報告，也可以上網搜尋，然後根據時間順序，從報導中把個股的目標價做出先後排列，會發現新報告的內容僅對每股盈餘稍作修改，會調高目標價的主因，在於賦予的

本益比區間擴大了。像原本每股盈餘 4 元的公司，如果本來認為只可以享有 15 倍的本益比，目標價應該是 60 元（4 元 ×15 倍＝ 60 元），但當「合理」本益比被調高至 20 倍後，目標價自然就會被調升至 80 元（4 元 ×20 倍＝ 80 元）。

　　大家一定會想知道，為什麼本益比可以調高？這就是熱門股的特殊待遇，當市場喜歡它、投資人追捧它，本益比就會上調，當有一天市場看扁它、投資人嫌棄它，本益比就會再下修。

個股訊號 2：報章顯著版面頻刊利多

　　「有夢最美」這個口號，用在股市的漲跌上相當貼切。許多人看到報章上以大篇幅報導利多消息，就埋頭猛買，期待能攀上賺錢列車，但如果沒搞清楚就匆忙上車，很可能就會住進悔恨的「套房」。

　　首先要先分清楚這個利多的性質，屬於已經發酵過的利多，或是一次性的短多，還是對公司經營有長期正面效益的利多。

　　許多時候股價上漲就在於有個美麗的願景，常常高喊：「狼來了！狼來了！」來揪住投資人的心。不過，一旦畫出的大餅到了要見公婆時，就得接受市場嚴厲的獲利評估，所以，若是一次性或是已經發酵很久的利多類型，通常一實現就是股價高點爆大量，也就是可能出現利多出盡的走勢。懂了嗎？這時候追價，就會買到早已得知內情的人所丟出來的大量股票。

　　越是報導篇幅醒目的利多，越應該小心，會不會是一個誘人

套牢的陳年利多？最常見的有：資產股擘畫土地開發的利益美夢（有些土地開發計畫，每幾年就會重講一次）、科技股高喊將通過某國際大廠認證的訂單利多（很難說是不是價格殺到見骨的低價搶單），或是政策還只在研擬階段，卻一路被視為利多來炒作（有夢最美，但最怕夢醒時分）。

當有上述狀況的利多一出，就應該站在賣方，趁高把手中的持股獲利了結。當天股價的標準狀況，就是股價開高往上攻，但是不斷暴出成交量，然後就反轉向下，而當天就成為最後出脫股票的機會。長億建設（已於 2003 年下市）宣布處分長生電廠，股價當日的表達，就是最典型的例子。

但如果利多本身從未在股價上表現出來，而且對公司有長期正面幫助，最理想的狀況是，這個利多出現在報章媒體上的位置很差、版面很小，不易被注意，那麼即使公布了也無須急著出脫，這時只要重新評估影響性，再決定新的目標價位即可。

個股訊號 3：處於循環週期高峰

許多認真的投資人，在進場前都會勤做功課，將個股的盈餘、本益比、獲利成長性等資料一一抓出來比對，好不容易挑選出低本益比的標的歡喜長抱，認定總有一天「市場會還給它一個公道」。

但可惜股市不會講公道，而是看投資人懂不懂門道，萬一挑選的個股屬於景氣循環股，低本益比可能出現在股價最高峰

時，而高本益比卻出現在股價最低檔。

這是因為景氣循環股的盈餘通常會在一個時間軸內起伏、波動，即使當盈餘低到不能再低時，市場仍會根據其帳面與經營價值，給予一定的評價與股價，此時股價已低到不會再破底，但是公司可能幾乎不賺錢，就會出現高本益比的狀況。

反之，當盈餘來到高峰，但是受限於產業景氣循環的關係，未來獲利成長動能下降，盈餘將往下走，甚至內部人早就知道未來 3 個月的訂單是逐步遞減，就會出現散戶拚命買，有人卻拚命丟股票，空有低本益比，但股價就是漲不動。

因此，對於處於循環週期高峰的景氣循環股，就要不吝賣出。記住，「歷史股價淨值比的高點，就是景氣循環股的滿足點」，千萬不要掉入低本益比的陷阱，循環高峰時就算景氣能夠維持較長的一段時間，股價高點也不會持續太久，早一點逐步出脫持股，落袋為安，最後一段留給別人去賺，才是投資的常勝不敗之道。

個股訊號 4：技術性噴出

俗話說，「不見跳空不見頂，不見跳空不見底」，不管是要快速攻頂或是加速趕底，都必須有大量的人氣才能完成。背後隱藏的意義就是：攻高時，手中有大量持股的主力、法人「賺夠了，想出場」，當然要營造股價還會漲不停的假象，哄散戶來追價；而趕底時，散戶是「賠多了，想趕快賣」，也會吸引一些口

袋深的金主、法人出來撿便宜，一來一往之間，就會出現技術性噴出。

　　因此，當股價連續向上跳空時，別傻傻期待高還要更高，切記，兵法有云：「一鼓作氣，再而衰，三而竭。」當股票出現連續 3 次以上的噴出、跳空走勢時，買盤力道就可能已經宣洩完畢，股價即將要拉回了，所以，在沒有更好的利多支持下，股價噴出時，就是要賣股票的時候。

個股訊號 5：股價高檔出現實質利空

　　老手怕利多，新手怕利空，利空若影響性是長遠的，而且才

圖表 3-2　跳空是加速見高或趕底的力量

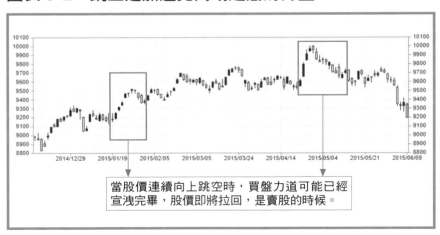

資料來源：台灣股市資訊網。

剛要開始發酵，當然只有儘早出清一途。不過最常出現的就是，利空見報了，公司卻跳出來澄清該利空「子虛烏有」，這時候就要小心，如果股價在低點出現利空，而且還利空不跌，這時反而要重新評估最壞情形是什麼？是否充分反映？不必急於出脫，甚至要考慮加碼買進。

但是，若是在高點時出現利空就要特別留意，若是股價已經反映不少對未來獲利的預期，本益比也高於同業水準，無論如何，都先降低持股再說。如果是真利空，股價撐不住，如果是假利空，股價破不了，真真假假，股價會說話。

上述數種判斷股價賣出的時間點，其中最令人難以抉擇的就是「股價高檔出現實質利空」。因為消息見報後，當日股價常以低盤或者跌停開出，此時腦中忽然浮現投資格言「不要追高殺低」；但是，若利空的內容已經嚴重挑戰你當初買進的理由，而真實基本面又無法掌握，更重要的是，股價處在高檔，那你一定要毅然決然的出脫。

以聯發科為例，2007 年 8 月營收達 91 億元的新高水準，9月亦維持在 90 億元，市場預估 11 月有機會進一步往百億元邁進。但沒想到，10 月營收公布出來居然僅 73 億元，結果 2007年 11 月 2 日公告當天，股價以跌停開出，成交量萎縮，高達數萬張賣不掉的股票，直到第 3 天才跌停打開。如果第 3 天殺出股票，最多賠 3 根跌停板，但接下來的 2008 年 2 月 12 日，股價從500 多元慘跌至 275.5 元的最低點。

如果連一向被認為績優、不投機的好公司，在出現經營的利空時，居然也會出現股票賣不掉的情形，這時候一定要抓住跌停打開、向上反彈的時刻出清持股，否則幾近腰斬的股價就是後來的下場。

圖表 3-3　聯發科（2454）股價圖

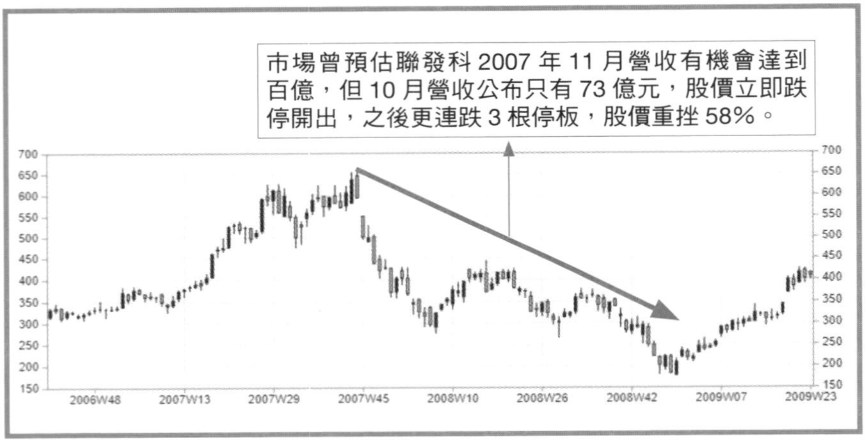
市場曾預估聯發科 2007 年 11 月營收有機會達到百億，但 10 月營收公布只有 73 億元，股價立即跌停開出，之後更連跌 3 根停板，股價重挫 58%。
700
650
600
550
500
450
400
350
300
250
200
150
2006W48
2007W13
2007W29
2007W45
2008W10
2008W26
2008W42
2009W07
2009W23

資料來源：台灣股市資訊網。

另一個例子，是蟬聯多年的股王大立光（3008）。2018 年美中貿易正式開打，手機產業首當其衝，當年度中國幾乎停止所有新手機的發表，而供應中國全數高階手機鏡頭的大立光遭受此一事件，阻斷了公司長期成長的步伐。

　　雖然 2019 年經調整後，營收仍有兩位數的成長，但隨即再遭遇美國對華為祭出禁令，華為受此衝擊，全面退出高階手機市場，連帶大立光營運也受挫，獲利連年衰退，股價也從最高峰的 6,075 元一路走空，不僅讓出了股王寶座，甚至在 2022 年 1 月 5 日，大盤指數創下歷史高峰的 18,619 點時，股價最高也剩下 2,710 元。

　　儘管該事件發生並非公司「犯錯」，實屬非戰之罪，但是因為政策造成的多、空影響都不容忽視，必須研判該影響只是一時，或者是實質且長期的風向改變。

圖表 3-4　大立光（3008）
2016 年至 2022 年第 2 季營運狀況

年度	營收	營收成長率	每股盈餘
2016 年	484 億元	-13.5%	169.47 元
2017 年	531 億元	9.88%	193.65 元
2018 年	500 億元	-5.98%	181.67 元
2019 年	607 億元	21.6%	210.7 元
2020 年	559 億元	-7.9%	182.9 元
2021 年	470 億元	-16.1%	139.28 元
2022 年第 2 季	198 億元	-9.69%	78.36 元

資料來源：台灣股市資訊網。

圖表 3-5　大立光（3008）股價圖

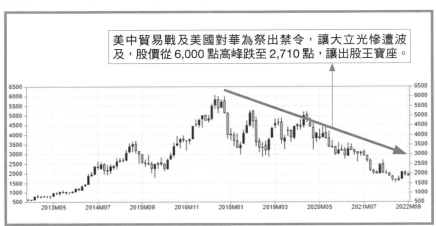

> 美中貿易戰及美國對華為祭出禁令，讓大立光慘遭波及，股價從 6,000 點高峰跌至 2,710 點，讓出股王寶座。

資料來源：台灣股市資訊網。

依投資性格選擇停利模式

如何落袋為安，除了透過前面的 2 指標、5 訊號判斷股票賣出點之外，若是這些指標與訊號都沒有出現，就可以看自己的投資性格是積極型，還是消極型，來選擇停利模式。

1. 消極型：逢高分批停利

風險承受度較低或是消極型的投資人，建議可以在獲利超過 3 成時，先出脫 1/3 持股落袋；若是獲利超過 5 成以上，建議將本金收回，就是處分 2/3 持股，剩餘持股持有至高點回跌 3 成時

再出清。行情很難判斷最高會走到哪裡，最後階段也常出現噴出或超漲，雖然那一段的超額利潤很可觀，但是風險也很大，所以要先回收成本，才能有本錢參與。

2. 積極型：高點回跌時停利

　　風險喜好者或積極型的投資人，建議當股價由高點回落，吃掉獲利的 3 成時，再出脫 1/2 持股停利。如同前面所提，股價超漲段是很甜美，但是風險相對高，積極型投資人勇於追求風險財，所以適合參與，不過勇於追價之餘也要勇於停利，一旦瞬間高點反轉，就要勇於出脫持股。

　　總歸一句，投資只要選出好標的，然後賣在相對不錯的位置順利出場，就是一次成功的操作，永遠不要擔心「賣太早」。

漲到多少算是高？
跌到多深才算底？

　　逢低承接、逢高出脫，是在股市獲利不變的道理，這也是專業的法人奉行的投資邏輯。不過，當行情往上反彈時，漲到多少才算高？急轉直下時，跌到多少才夠低？

從低點檢測合理變化幅度

　　我建議可以從技術分析大師艾略特（Ralph Nelson Elliott）提出的波浪理論來觀察，根據波浪理論，黃金分割比率為 0.382 與 0.618，是經常被用來檢測高點與低點的重要數字。譬如，以股市第一波的升幅，分別乘以 0.382、0.5 或 0.618，可以用來檢測第二波的變化幅度。按這套規則，我們觀察股市下跌幅度時，可以透過強勢整理、中性整理及弱勢整理這 3 種整理格局，進行下一階段的布局（見下頁圖表 3-6 至圖表 3-8）。

　　當一個上揚或下跌的行情接近尾聲，出現一個大轉折時，建議在轉折處進行情境模擬評估，推算短線股市可能的幾種走勢，

才有利下一階段的布局動作。以下以台股 2008 年 11 月 21 日最低點 3,955 點起漲至 2010 年 5 月底為例,分別從強勢、中性、弱勢整理 3 種格局,對持股進行調整。

圖表 3-6　強勢整理原則

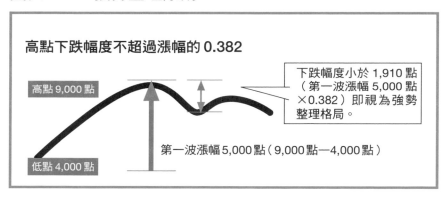

高點下跌幅度不超過漲幅的 0.382

高點 9,000 點

低點 4,000 點

第一波漲幅 5,000 點(9,000 點—4,000 點)

下跌幅度小於 1,910 點(第一波漲幅 5,000 點×0.382)即視為強勢整理格局。

圖表 3-7　中性整理原則

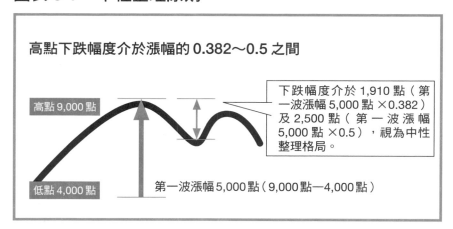

高點下跌幅度介於漲幅的 0.382～0.5 之間

高點 9,000 點

低點 4,000 點

第一波漲幅 5,000 點(9,000 點—4,000 點)

下跌幅度介於 1,910 點(第一波漲幅 5,000 點×0.382)及 2,500 點(第一波漲幅 5,000 點×0.5),視為中性整理格局。

圖表 3-8　弱勢整理原則

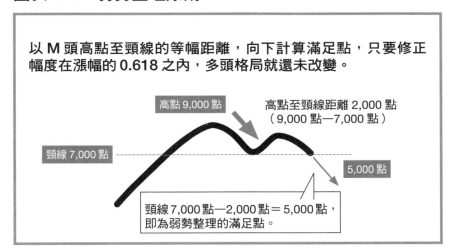

以 M 頭高點至頸線的等幅距離，向下計算滿足點，只要修正幅度在漲幅的 0.618 之內，多頭格局就還未改變。

高點 9,000 點

高點至頸線距離 2,000 點
（9,000 點—7,000 點）

頸線 7,000 點

5,000 點

頸線 7,000 點—2,000 點＝5,000 點，
即為弱勢整理的滿足點。

強勢整理

檢測位置

強勢整理的幅度

＝（高點 8,395 點－低點 3,955 點）×0.382

≒ 1,696 點

強勢整理支撐位置

＝高點 8,395 點－強勢整理幅度 1,696 點

＝約 6,699 點（見下頁圖表 3-9）

處理方式

1. 第一次向下跌破年線時：當指數位於強勢整理位置，但第一次向下跌破年線 7,490 點時，降低持股至 4 成，將撤出的資金進行避險。

2. 確認此波底部區出現時：向下跌破年線後，於 2010 年 5 月 25 日回測 7,032 點，此時搭配基本面訊號（歐元止穩、歐股落底走揚、領先股出現），可猜測此處為底部區，將持股加碼至 6 成。透過技術面進一步確認 7,032 點為底部後，再加碼至 7 成持股。

持股分配

以核心股為主、短線股占 1 成至 2 成。

圖表 3-9　強勢整理情境模擬

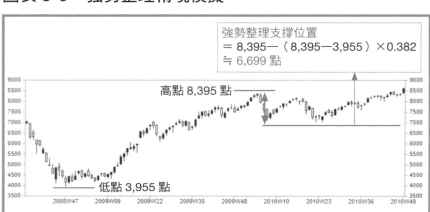

中性整理

檢測位置

中性整理的幅度的區間：

（高點 8,395 點－低點 3,955 點）×0.382 ≒ 1,696 點

（高點 8,395 點－低點 3,955 點）×0.5 ＝ 2,220 點

中性整理支撐位置，介於以下兩點之間：

高點 8,395 點－ 1,696 點＝約 6,699 點

高點 8,395 點－ 2,220 點＝約 6,175 點（見下頁圖表 3-10）

處理方式

突破年線後，2010 年 5 月 20 最低點 7,424 點，21 日出現跳空缺口，若近日未回補跳空缺口，則將持股降至 3 成。若推測 7,032 點為底部的機率很大時，可酌量提高持股至 4 成。

持股分配

核心股占 3 成、短線股占 1 成。

弱勢整理

檢測位置

先畫出 M 頭，並找出弱勢整理滿足點。

圖表 3-10　中性整理情境模擬

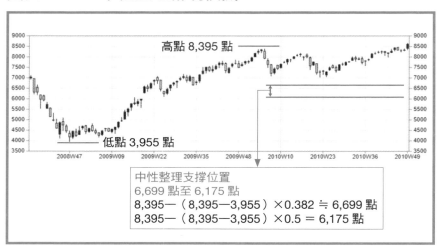

＝頸線 7,080 點－（M 頭高點 8,395 點－頸線 7,080 點）

＝ 5,765 點（見右頁圖表 3-11）

處理方式

　　當指數跌破 6,400 點，進一步來到弱勢整理的滿足點 5,765 時點，此刻又搭配全球經濟基本面轉差的訊號（例如歐洲情勢惡化導致二次衰退之虞，臺灣經濟成長力道不如預期等），此時應將持股比例降至 4 成以下。

圖表 3-11　弱勢整理情境模擬

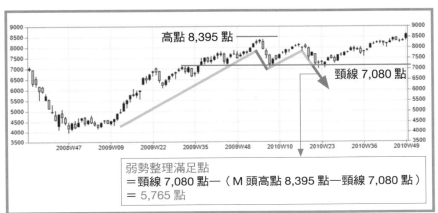

高點 8,395 點

頸線 7,080 點

弱勢整理滿足點
＝頸線 7,080 點—（M 頭高點 8,395 點—頸線 7,080 點）
＝ 5,765 點

持股分配

只保留核心持股，不做短線來回操作。

依情境模擬，判斷大盤位置

以台股大盤實際狀況來看，2008 年 11 月 21 日最低點 3,955
點開始起漲，最高漲到 2010 年 1 月 19 日的 8,395 點，共漲了 1
倍多。

從 8,395 點之後的回檔整理，雖然在 2010 年 2 月跌了一波
1,315 點，仍在強勢整理的跌點 1,696 點以內，站在宏觀的角度，
可謂超強的走勢。這是一個簡易的測量方法，如果行情沒有跌破

這個點，代表趨勢沒有變，就可以確認這是強勢多頭格局，建議依強勢整理的方式來操作。

大盤反轉上攻，2 訊號洩先機

若大盤指數沒有持續創新低，代表底部就在此處，或是已經離底部不遠，若大盤要往上攻，需要配合以下 2 個訊號。

訊號 1：出現領先股集團

單一個股上漲無法左右盤勢，必須由某一類領先股形成上漲族群，以「點」連成「面」，才能聚焦股市人氣，並帶動股市走揚。

譬如你在暑假之前觀察遊戲股，可能看到鈊象（3293）先漲了 2 根停板，而其他股票都持平；當鈊象漲到第 3 根，可能橘子（6180）、宇峻（3546）、智崴（5263）也都開始動起來，到了第 5 天，這些股票全部漲起來，這就是由個股帶動族群。

大部分情況是，領先股的波動比較能夠維繫人心，指數不容易重跌；當指數因此止穩，接著就會開始往上走，這就是領先股的意義。

訊號 2：弱勢股止穩反彈

如果弱勢股不止跌，大盤通常還會再探底，以 2010 年為例，大盤於 5 月 25 日反彈，但是當時的弱勢股指標鴻海（2317）持

圖表 3-12　台股大盤與鴻海（2317）股價圖

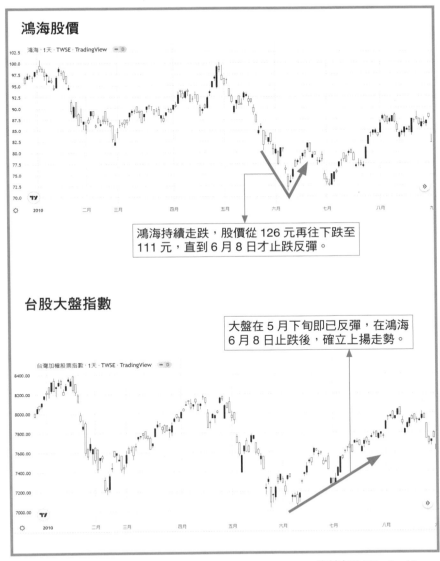

鴻海股價

鴻海持續走跌，股價從 126 元再往下跌至
111 元，直到 6 月 8 日才止跌反彈。

台股大盤指數

大盤在 5 月下旬即已反彈，在鴻海
6 月 8 日止跌後，確立上揚走勢。

資料來源：Trading View。

續走跌，股價從 126 元再往下跌至 111 元，直到 6 月 8 日才止跌反彈。當最弱的股票都不再下跌，那大盤往上翻揚之時也就不遠了（見上頁圖表 3-12）。

　　如果不會從基本面選股，就挑選股價在季線、半年線或年線之上的族群，在季線之上最強，依序次之。

把資金拆成 12 份，
按月分批買

　　投資股票要賺錢，除了挑對好股票，更要選對好時機。而挑對時機，固然已經先贏一半，但如果沒有搭配良好的資金配置，並不能發揮關鍵一擊、擴大戰果。

　　試想，拿資金的 1％買到 1 年獲利 3 倍的飆股，對總資金來說，也不過增加 3％；但若拿資金的 1/5，買到 1 年獲利 20％的股票，總資金卻增加了 4％。但是買到 1 年獲利 3 倍的股票談何容易，買到獲利 20％的股票卻不難。

　　當股市來到底部，或來到相對低點時，應該如何靈活運用資金，卡好位、布好局？可以分別從時間、資金兩方面下手：

時間：對的時機點進場，壓低買進成本

　　從時間軸上來看資金配置策略，有 2 項原則：

1. 建立提早布局的習慣

股票不是隨時都要投資，而是要先懂得掌握循環，1 個小循環通常約 3 年時間，去掉前、後各半年的下跌段，中間約莫會有 2 年的操作期。

而從這波循環的最低點走到最高點，大約需花費 1 年時間（視當時經濟強弱度不同，區間約在 8 個月至 13 個月，可以採用 1 年作為平均數），再掐頭去尾，真正的成長期間只有 6 個月至 9 個月，一旦進入成長期，漲勢可能又快又猛，讓你不敢追，因此，最好利用復甦前期就搶先布局，才能坐享進入繁榮期的高成長報酬。

2. 買進時間要拉長

提前布局，不可能每次都買到最低點，所謂「對」的買進時機，並不是最低點，而是順勢而為，在股價有真正開始反映景氣榮景前從容進場，這就是對的時機。

要抓對時機，最簡單的判斷就是看一個地區的 GDP 數字，如果成長動能持續，而股價又還沒適時反應，就是一個不錯的進場點。

確認買進時間點之後，要採取緩步加碼的態度，因為行情可能反覆打底，所以最好拉長時間，以 3 個月至 6 個月的週期去布局。

資金：可用資金拆成 12 份，分批買進

即然進場布局的時間拉長，如何分批買就很重要，建議最好能將可用資金拆成 12 份，而月薪族及小資族，則可以在每個月的薪水中分出一筆投資資金，配合不同狀況買進。

1. 穩紮穩打型：低檔分散布局，平均買到低點

在股市進入相對低檔區，就開始每個月平均布局，每個月買 1 份，平均成本約在低檔區的一半，站穩投資獲利的根基。此時，剩下 6 份的資金，則等待股市走出大行情時，用在融資加碼上，以增加報酬率。

2. 高手出招型：買在最低點，突破時快加碼

不管是運氣好，或是真的神機妙算，當第 1 份資金買進後，發現股市開始往上走，也切記要 1 份、1 份的買，因為大盤可能遇到壓力區無法突破又壓回，但是若順利突破壓力區、確立上揚格局後，此刻或許只買了 3 份資金，但也要利用其他 9 份的資金迅速加碼，甚至以融資操作，來增加報酬率。

3. 亡羊補牢型：持續向下加碼，6 個月後先停手

買進後已達 4 個月至 5 個月，股市卻還在緩緩落底，該怎麼

辦？這就是買進時機太早了。

　　此時，仍應該向下持續加碼，舉例來說，當你預估股市最差應該在 7,000 點會有支撐，沒想到竟然向下破底到 6,700 點，那就要以 1.2 份資金投進去；若是下個月又回到 7,000 點以上，就再買 1 份。

　　股市繼續跌，就擴大每次購買的金額以 1.2 份至 1.5 份的量買進，直到做完 6 個月的布局後，若股市仍在低檔震盪，此時就不要再加碼，進入觀望期，直到指數突破。

4. 遲回觀望型：指數不動如山，靜待壓力線突破

　　如果指數一直狹幅波動，此時我們的資金應該按照穩紮穩打型，採取 1 個月買 1 份的方式。

　　但若是盤整期維持 6 個月以上，都沒有明確的攻擊訊號，就必須先停下來觀望，等到突破下降壓力線（在指數下降趨勢中，由相對高點連成的線）後，再以另一半資金繼續買進。如果是漫長的狹幅盤整後突破，漲勢可能加快，此時最好以 2 份、2 份資金大力敲進，加速完成底部布局。

圖表 3-13　資金分布類型

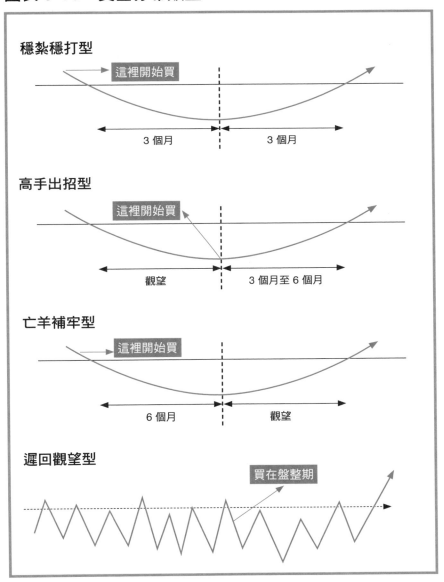

穩紮穩打型

這裡開始買

3 個月　　　3 個月

高手出招型

這裡開始買

觀望　　　3 個月至 6 個月

亡羊補牢型

這裡開始買

6 個月　　　觀望

遲回觀望型

買在盤整期

財經筆記

股市常見底部型態

　　一般說來，股市的底部並不好確認，在長期空頭洗禮過後，多數投資人的信心都非常脆弱。市場主力、大戶會利用上沖下洗的方式，剔除信心不足的膽小鬼，以利買進籌碼；當賣壓減輕後，想要一舉突破頸線反壓就會比較容易。以下是幾種常見的底部型態：

頭肩底

　　頭肩底，屬於跌勢逆轉的見底型態。一旦確認型態，上升幅度可以很大。通常指數帶量有效突破頸線（頸線為左肩與右肩高點相連的線）後，並穿越頸線超過 3% 以上，且突破拉回也未見跌破頸線後，則能確認頭肩底形成。

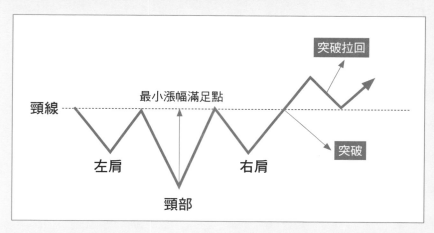

W 底

　　也稱為雙重底，是由 2 個低點及 1 個反彈高點構成。指的是股價歷經 2 次下跌後，在同樣的價位附近都能止跌回穩，顯示該低點的支撐力道強；通常第 2 次回升時，成交量會較第 1 次低點的成交量小，回升時若能帶量突破頸線 3% 以上，就能確立反轉上揚走勢。

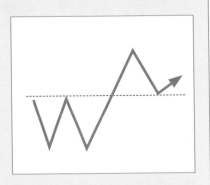

V 型反轉

　　V 型反轉通常是出現在急速下跌走勢後，受到突發性利多影響而迅速反轉向上，形成時間很短。在這種反轉上漲的過程中，通常短期內就有急速的漲勢，不論是大盤或是個股的 V 型反轉，都是投資人最嚮往的走勢，但也不容易推估。

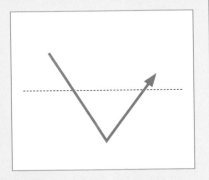

（接下頁）

三重底

三重底算是 W 底的變形，總共有 3 個低點，不僅底部的規模比較大，構築的時間較長，結構也更扎實；當帶量突破了頸線 3% 完成三重底的型態，上攻力道也更強，不過比頭肩底與 W 底少見。

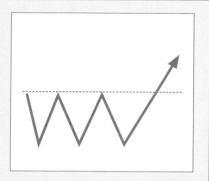

圓形底

在下緣呈現圓弧的形狀，狀似 U 字型，形成的時間較長，大約需時數個月。成交量也跟價格十分相似，也呈 U 字型，當價格跌到低點時，成交量也會隨之萎縮；當價格上揚時，則配合成交量增加而產生漲勢。

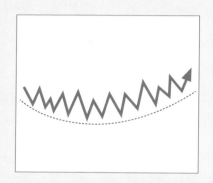

潛伏底

股價很少起伏，成交量也不大，形狀就像一條橫線，算是圓形底的變形。潛伏底的時間很長，當公司出現好消息，成交量會突然增加，股價也同時突破向上，而突破之後的漲勢也很可觀。

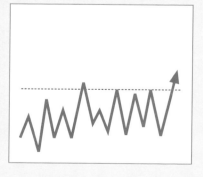

第 4 節

萬一行情提前衝，
新手先別樂昏頭

　　投資人或許曾有這樣的經驗，原先計畫逢低慢慢布局，結果行情卻因為一個重大利多提前發動漲勢，這時該怎麼辦？如果以前一篇所述為例，在相對低檔區將資金拆成 12 份，按月分批買進。如果第 1 份資金剛好買在起漲點，接下來行情一路往上衝，剩下的資金該如何布局？

　　專業投資機構或是久經征戰的股市老手，只要確認低點已經過去、趨勢向上，通常會迅速加碼，以免績效嚴重落後大盤，不過，投資沒有絕對不可能，萬一碰到行情衝高之後，突然轉折向下，如果不懂抓住出場點，便會發生嚴重損失，因此，對於資金有限與經驗較少的散戶來說，應該以長線的角度思考全局，不必在這種情況下卯起來追價，反而要沉住氣，選擇以下 2 個操作方法，賺取比較穩健的利潤：

做法 1：不追高，按原定計畫定期投入

看到行情持續衝高，每期投入的資金，最好維持固定金額，寧可少賺一點，千萬不要隨著上漲而一路加碼，每期金額越扣越多。原本你買進的成本比大盤便宜，一旦漲越多、買越多，成本也越墊越高，很快會追過大盤。這樣一來，不僅失去了低成本的優勢，而且只要大盤稍微退回來，就會讓前面的獲利功虧一簣。這也是為什麼有些投資新手，常在大多頭行情時忘情追高，一遇到跌 3 根停板或回檔 2 成，整個波段就賠光了。

如果搭配融資操作，這種做法更危險，可能原本在底部區只花了 3 成持股，到了頭部區不僅持股百分之百，還去做 150％、200％的融資；只要 3 根跌停板就會被融資追繳了。

做法 2：先買 6 個月，回檔再繼續買

另一個比較有彈性的做法是以時間軸來區分，第 1 階段不要管指數水準，先持續 6 個月「機械式」買進，每個月固定買 1 份，直到投入 6 份資金，也就是你的一半本錢。

另外一半資金，則採「攻擊式」買進，根據我們預設的前提，這是一個急漲行情，通常若連漲 6 個月，再強勢的股市也會出現階段性的小回檔；假設剛開始買進時是在 5,000 點，連買了 6 個月，指數也一路漲到 8,000 多點，此刻，靜候股市出現回

檔，若不回檔，則按兵不動，一旦行情回檔到低於第 6 次買進的
成本區時，再逐步投入剩下的資金。此時也最好以 1 份、1 份為單
位，不要一次就把錢全部用完。如果買了 3 個月，行情又漲上去，
你手邊還剩下 3 份資金，建議先不要動，等待下一個買進時機。

　　不過散戶要有自覺，用這種方式進場，沒辦法賺到「快
錢」，甚至要套牢一段時間。但如果都是在相對低檔區買進，等
行情全面噴出時，就能享受到倍數獲利；這是耐心持有的報償，
補償在底部區所受到的煎熬，但最後的果實是甜美的。

圖表 3-14　資金分布類型

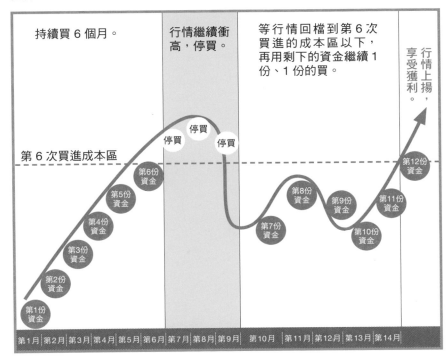

融資 3 心法，獲利撐竿跳

古希臘最負盛名的科學家阿基米德（Archimedes）說過：「給我一個支點，我就能撐起地球。」這句傳世經典，講的就是槓桿以小搏大的力量。

一般人玩股票槓桿，最常見的就是融資。聰明運用融資可以賺取暴利，但稍有不慎也可能破產，譬如知名的避險基金長期資本管理公司（LTCM），以及 2008 年破產的雷曼兄弟，都是因為槓桿玩太大，形勢一旦誤判，虧損十分驚人。

心法 1：融資新兵，短線進出練「盤感」

成也融資、敗也融資，那麼，到底該不該在股市投資中使用融資，來擴大財務操作槓桿呢？有些人聞融資色變，聽到融資就感覺像是要賭身家性命，甚至有部分高手主張，絕對不要使用融資，但是以我的觀點，融資是一個中性的工具，只要分階段使用，就能善用融資優勢，並且避開風險。

　　所謂分階段，就是從資金的「最適規模」來看。一般新手入門，約會投入 30 萬元至 50 萬元的資金，若運用融資，持股總市值約在 60 萬元至 100 萬元，因為部位並不大，不論買進或是賣出，都不會有流動性不足的困擾。

　　散戶想要活用融資這個財務槓桿，初期的融資操作應該是以培養「盤感」為主，所以要採取「短線進出」，讓自己對於股市的脈動有感覺。此外，這時期算是練兵階段，萬一投資失利，只要小心不讓自己變成負債狀況，那麼即使付出學費換取經驗，都是值得的。

　　經過 2 年至 3 年的操作淬鍊，會慢慢進入熟手階段，此時對於融資操作，就要建立抽離獲利、維持一定操作規模等原則。舉例來說，如果投入 500 萬元，使用融資後約可以買到 1,000 萬元至 1,250 萬元的股票，若操作順利，獲利 250 萬元，也就是以本金來看獲利 5 成時，持股總市值將達 1,250 萬元至 1,500 萬元。

　　這時建議最好將賺得的 250 萬元抽離市場，或是減少融資額度 250 萬元（本金 750 萬元，融資後持股總市值維持在 1,000 萬元至 1,250 萬元）等到整個波段做完後，再重新配置下一階段要投入的資金。

　　這樣容易達成初期快速累積資金的目標，也能避免因財務槓桿過大，造成意外走勢完全吞食獲利、本金的風險。

財經筆記

融資
　　證券市場所謂的「融資」，與銀行「融資」概念相同，差別在於這筆「融資」借款必須專款專用，只能專用於買進股票，不能作其他用途，而且必須有一定比率的自備款。

心法 2：3 階段操作，進可攻退可守

　　一般來說，對於可以長期持有的標的，我們會將資金分成 3 階段，在一次循環的不同階段分批買進、賣出：

第 1 階段

　　也就是前面提過的 6 個月布局期，此時絕不要使用融資。

第 2 階段

　　當大盤上揚趨勢確立，主升段行情展開時，此時用兵貴在神速，也就是最適合融資大力進場的時刻。

　　通常主升段的行情中，強勢股會吸引極大的人氣，股價噴出，可能 1 週至 2 週的報酬率即相當可觀，因此，就算要負擔融資的高利率（隨市場浮動，目前年利率約 5.975％），也仍然划算。

第 3 階段

市場有過熱跡象時，優先快速減碼融資持股，可留下現股慢慢往上賣。

圖表 3-15　可長期持有的標的，採 3 階段操作獲利法

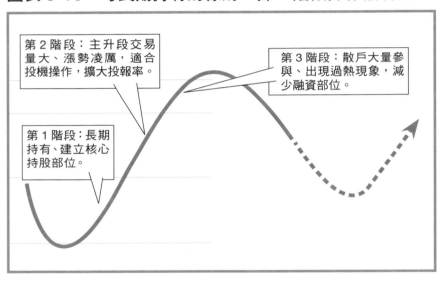

第 2 階段：主升段交易量大、漲勢凌厲，適合投機操作，擴大投報率。

第 3 階段：散戶大量參與、出現過熱現象，減少融資部位。

第 1 階段：長期持有、建立核心持股部位。

心法 3：積極融資操作法，衝高獲利效率

如果對於掌握大盤時機與個股買賣點，已經深具信心，可依下列方法進行融資操作，達到最高的效率。

第 1 筆：現股買進

當市場氣氛低迷、股市也持續在低檔徘徊整理時，正是長期投資進場的好機會，由於還不知道是否來到股市低點，可以先以現股買進值得長期投資、且價值被低估的個股。

第 2 筆：現股買進

當股市不論是持續震盪還是反轉向下，第 2 筆資金擔任降低持股成本的要任，可選在業績好、獲利佳，或是諸如獲取新訂單等時間點，再次切入。第 1 筆、第 2 筆資金等同於在做摸底動作，同時分散持股成本。

第 3 筆：融資加碼

當個股股價突破先前的成本區，確定上漲走勢後，則可大膽以融資加碼，增加持有張數。

第 4 筆：賣現股轉融資

當整個市場確立上揚走勢，過去長期被低估的價值股將率先成為人氣、資金匯集的重心，為進一步放大投資報酬率，此時可以賣掉全部或一半的低成本現股，加倍融資買進。

第 5 筆：賣融資轉現股

不過當個股成交量放大、甚至周轉率超過 1 成時，顯示大盤

（個股）已經有過熱跡象，此時應該優先處理被視為短線買賣的融資部位，並且檢視現有現金是否能夠償還全部融資款項。如果操作槓桿過大，就應該快速落袋為安，或是將融資轉換成現股，降低整體持股部位。

圖表 3-16　在上升趨勢中，善用融資操作 5 步驟

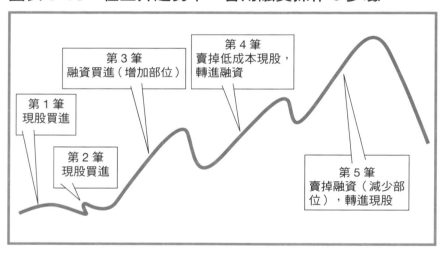

融資進場時機：初升段與主升段時

做融資最擔憂的就是時間風險，如果時間一拉長，就會侵蝕融資帶來高報酬率的優勢，因此，最好是在市場處於初升段與主

升段時，才使用融資進場增加報酬率。

以現行法規規定，上市公司股票融資成數是 6 成，自備款 4
成。上櫃公司融資成數是 5 成，自備款 5 成。舉例來說：買進
股價 100 元的標的時，由證金公司拿出 60 元借給投資人，投資
人只須自備 40 元即可。

投資人擴張信用主要的目的，是期望股市如預期上揚，能夠
獲得更佳的投資報酬。反之，當股市表現不如預期，則會有融資
追繳的情況。

證金公司界定追繳的標準，是根據整戶維持率，簡單的說就
是根據資產與負債的比率來界定之。

以投資人而言，標的股票的價值就是資產，證金公司出借的
金額就是負債，公式如下：

$$整戶維持率＝整戶總資產÷整戶總負債×100\%$$
$$＝股票現值÷借款金額×100\%$$

若整戶維持率接近 120％，證金公司就發出追繳通知，融資
戶必須補錢以維持在 120％以上，假設低於 120％，證金公司將
會賣出個股，也就是所謂的融資斷頭。

舉例來說：

用 100 萬元資金融資買進，以現在融資需要自付 4 成來
算，可以買進：
100 萬元÷0.4＝250 萬元的股票
故向證金公司借入：
250 萬元—100 萬元＝150 萬元
則，整戶維持率
＝股票現值÷借款金額
＝250 萬元÷150 萬元×100%＝167%

　　若整戶維持率剩下 130%時，代表已經虧損 55 萬元，計算
方式如下：

以 A 為股票現值，則：
130%＝A÷150 萬元×100%
A＝195 萬元
亦即股票現值變成 195 萬元，不包含交易成本的話，虧損
則為：
250 萬元—195 萬元＝55 萬元

　　若整戶維持率剩下 120%時，代表已經虧損 70 萬元，計算
方式如下：

以 A 為股票現值，則：
120％＝A÷150 萬元×100％
A＝180 萬元
亦即股票現值變成 180 萬元，不包含交易成本的話，虧損
則為：
250 萬元—180 萬元＝70 萬元
也就是說，投入的本金已變成：
100 萬元—70 萬元＝30 萬元

當整戶維持率低於 120％時，券商會發出追繳通知，隔天就必須馬上處理，處理的方式有二：

　　1. 斷頭：券商會在開盤前以漲（跌）停的價格賣出。

　　2. 現償：即現金償還，可以償還部分或是全部的錢，以拉高維持率。

第 6 節
持股 3 配置，
買進理由消失就剔除

　　每種類型的股票都有不同的股性，有些適合長期持有，有些則能用來短線操作；為持股進行彈性配置，不僅幫助股票資產維持長期穩定，更能同時掌握快速獲利機會，達到進可攻、退可守的優勢。

持股方式的 3 種類型

1. 核心持股

　　這也是持股配置裡最重要的部分，建議挑選成長股。看準並買進之後，就能期待它漲很多，並且可以長期持有。

2. 中期持股

　　這是指挑選營運有預期轉折的公司，例如進入旺季的產業，可以進行小波段的操作。

3. 短期持股

主要是除權息行情、業績傳出捷報、有作帳行情的個股。

這 3 種類型不見得要切分得非常清楚，如果有一檔股票前景看好、價位理想，現階段是一個非買不可的點，它當然適合做核心持股。但如果市場一致看好，紛紛搶進，連續跳空漲停，短期快速獲利契機出現了，這時它也適合小波段或是短線操作。

圖表 3-17　持股配置方式

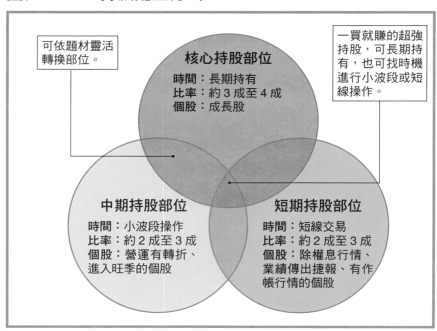

可依題材靈活轉換部位。

一買就賺的超強持股，可長期持有，也可找時機進行小波段或短線操作。

核心持股部位
時間：長期持有
比率：約 3 成至 4 成
個股：成長股

中期持股部位
時間：小波段操作
比率：約 2 成至 3 成
個股：營運有轉折、進入旺季的個股

短期持股部位
時間：短線交易
比率：約 2 成至 3 成
個股：除權息行情、業績傳出捷報、有作帳行情的個股

當買進理由消失，就賣出持股

　　不管是哪一種持股類型，請記住，每一檔持股，都有買進理由；當買進理由消失，就是該賣股票的時機。以持股配置裡最重要的核心股為例，這類長期持股必須具備良好的獲利前景，此獲利前景就是能買進的理由。

　　買進之後，必須持續檢驗，確認自己的判斷是否有誤；如果無誤，在買進理由沒有消失之前，我會持續買進；即使中途股價下跌，我仍然會抱緊，等 3 個月後數字出來，看到營收倍增，股價自然會漲上去。如果它營運表現都保持成長，動能沒有停止，就能長期持有。

　　如果營收數字出來，結果股價沒有動，就要回頭檢視基本面，一旦發現產生了變化，當初買進理由已經消失，就要考慮賣出，不要太計較價格多少。縱使賣掉之後股價又漲回去，也只能當作是一場誤會。

　　舉一個例子，我曾在 2009 年買進岱稜（3303），當時成交量非常小，而且景氣不佳；買進它的理由是因為基本面很不錯。岱稜是製造真空鍍膜的廠商，後來發展出一項關鍵技術「IMR」（膜內漾印）；這個技術可以讓塑膠殼看起來有金屬質感，也可以把明星照片等各種圖案轉印上去，最常用在筆記型電腦或手機上，IMR 龍頭大廠日本寫真（Nissha）與惠普（HP）合作，使得 2009 年惠普的筆記型電腦大賣。

　　這個題材看來很棒，但是，後來我在持續檢測基本面的過程中，發現岱稜不僅營收不如預期，產品進度也一再拖延。從市場角度來看，全球 IMR 市占率最高的日本寫真，剛開始因為出現缺貨狀況，又沒有做產能擴充，岱稜才有機會切入；但隨著時間拉長，日本寫真的缺貨情形獲得紓解，加上國內還有森田（8410）等競爭對手，導致產品延宕出貨的岱稜，失去了時間上的優勢。

「凸槌」超過 3 次，應從核心剔除

　　後來，岱稜又在 2009 年 9 月把 IMR 事業處獨立成一家子公司，但是它以母公司名義持有的比例卻又不是百分之百，而是把股權稀釋給其他策略性股東。如此一來，當初因為 IMR 技術而買進岱稜股票的意義已經消失。我的原則是，即使看好的產品是正確的，但一家公司絕不能「凸槌」超過 3 次，一旦發生，就代表它不受掌控，不適合作為核心持股，此時就應該退出。

　　再如 2010 年第 3 季、第 4 季，市場的投資重心都在行情最熱的蘋果概念股，假設發現蘋果公司（Apple）的成長力衰退、變不出新把戲，代表趨勢改變，投資人就該準備出場。要提早發現趨勢的轉變，必須仔細觀察產業環境，以蘋果為例，如果有一天宏達電（2498）的手機打敗了 iPhone，或是宏碁（2353）、惠普的平板電腦強烈威脅到 iPad，甚至是整個平板電腦的成長

已經到達高峰，向上獲利空間有限時，都是該退場的訊號。

圖表 3-18 岱稜（3303）股價圖

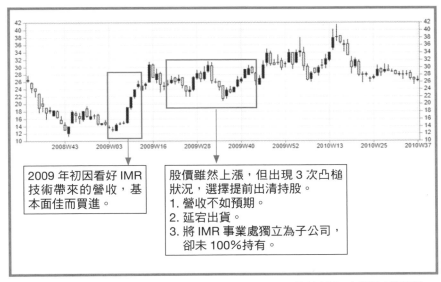

2009 年初因看好 IMR 技術帶來的營收，基本面佳而買進。

股價雖然上漲，但出現 3 次凸槌狀況，選擇提前出清持股。
1. 營收不如預期。
2. 延宕出貨。
3. 將 IMR 事業處獨立為子公司，卻未 100%持有。

資料來源：台灣股市資訊網。

第 7 節

股票只會漲？
狠狠跌一次，夢就醒了

投資大師彼得・林區（Peter Lynch）說過這樣一句話：「你以為股票只會上漲嗎？狠狠跌一次，夢就醒了。」股票投資是一條漫長的路，再厲害的高手，也曾經有跌跤的時候，但在股票市場，贏家跟輸家的最大差別在哪裡？四個字——危機處理。

只要進入股市，沒有人不曾被套牢，差別只是贏家懂得在套牢時，利用正確的方法與步驟來減少損失，甚至全身而退，大賺小賠，這是贏家之道。

那麼，輸家呢？股票一旦套牢，通常有兩種反應，第一是驚慌失措，殺在最低點，然後眼睜睜看著股價反彈一半，甚至 2/3，追悔莫及。

另一種是乾脆選擇當隻鴕鳥，把頭埋進沙裡，眼不見為淨，任隨股價浮沉，中途也許有過不錯的出場機會，卻因坐視不管而錯過，最後落得血本無歸。回首台股發展，幾乎每隔幾年就有一次重大危機，1988 年郭婉容事件、1996 年臺海危機、1997 年亞洲金融風暴、1999 年 921 大地震、2004 年 319 槍擊事件、2008

年全球金融風暴等事件，這些造成股市無量下跌的巨大波動，導致許多投資人看著手中財富腰斬再腰斬、慘遭融資追繳，甚至財富化為灰燼而走上破產之路。

財經筆記

1988 年郭婉容事件

　　1988 年 9 月 24 日，當時的財政部長郭婉容在當天股市收盤後宣布，從 1989 年 1 月 1 日起課徵證券交易所得稅，導致台股無量下跌，大盤指數由 8,813 點跌至 4,646 點，這項政策在政治經濟壓力下終止，郭婉容再制訂證券交易稅政策，實施至今。

1996 年臺海危機

　　1995 年時總統李登輝訪問美國，引起中國不滿，為了阻止李登輝在隔年總統選舉連任，於是在 1995 年 7 月及 1996 年 3 月時，兩次發動飛彈實彈發射演習威脅臺灣，引發臺海危機。

3 階段危機處理，補好財庫破洞

　　只要進入股市，就不可能完全避開崩盤，但如果你學會「危機處理」，那麼你守住股市財富的能力將大幅提升。

　　「我的某某股票快要跌停了，現在該不該趕快賣？」、「賣了之後，萬一股價立刻漲上去，該怎麼辦？要不要追回來？」許

多人一見到股市大跌，腦中立刻會浮現類似問題。

　　其實，進行危機處理的目的不在於個別股票的賺賠，而是要從大局來思考：如何能安然度過股市低迷時期，不被市場強迫出局，保留下一次進場扳回的機會？因此，一旦整體投資部位出現重大虧損，就該毫不猶豫進入危機處理階段。

　　危機處理的重點，在於「處理」，處理就是一種執行力，面對股票慘賠，內心必然恐慌，但越是在恐慌之中，越要記得遵行「認知、診斷、處理」3 階段，才有機會降低損失或全身而退。

階段 1：認知投資錯誤

　　股市中慘賠比例高的對象，並不一定都是沒經驗的新手，許多自視甚高、投資一路順暢的資深投資人，反而最容易死在一次重大的股災中。主要原因是，他們即使手中的股票已經發生嚴重的虧損，但在心態上不願承認自己的投資策略有誤，反而錯過最佳的危機處理時間。

　　所以，在危機處理前，必須接受自己可能發生：投資步調錯誤、投資決策錯誤、投資標的錯誤。當股價套牢時，請先思考是否犯了這些毛病：

　　1. 投資步調錯誤：是不是買股太早、太晚？資金控管出了問題？該賣股票的時候沒有處理？

　　2. 投資決策錯誤：是不是忘記風險管理？誤判行情轉折點？資產配置比例失衡？融資槓桿比例太高？資金配給不當，導致財

務吃緊？

3. 投資標的錯誤：是不是有因短期因素買進的股票，卻因賠錢而捨不得賣？想要當作長期投資的股票，其實已經沒有成長動力？還是買進了一堆不知為何而買的股票？

階段2：進行投資診斷

當接受自己投資錯誤後，就必須先診斷投資的現況，可以從以下3個重點來省視：

1. 融資與否：通常在股市熱絡時，投資人會利用融資方式，放大操作槓桿，以獲取最大的投資利益。一旦股市開始下跌，脫離強勢整理範疇，表示行情看壞，此時沒有運用融資操作的人，或許還可以抱著現股，等待風暴減緩；但對於借錢融資的人來說，不管手上的股票多有上漲潛力，都是以後的事。

面臨股市開始下跌時，首先需要檢視：「手上可動用的現金，是否足夠將全部股票作融資償還？」避免股票被強制斷頭。水能載舟、也能覆舟，融資也一樣，當跌勢擴大至3成左右時，就會被融資追繳，一旦融資追繳金額超出自己能力範圍，就會「被斷頭」。當股市崩跌時，最容易讓資產變成負數，未來股市不管反彈多高，都跟你無關了，因為你已經「出局」。

別忘了，高明的賭徒，都懂得要為自己留下一點翻身的籌碼，只有能在賭場繼續賭下去，才有翻身的機會，一但被迫出場，就什麼都沒了。因此，當發現趨勢驟變，最好不計代價先降

低融資幅度，至可以完全用現金償還的水位。

以人性而言，1 根或 2 根跌停板都還可以忍受，在跌勢初期，比較容易邁出調整股票的第一步。否則一旦跌深了，就會捨不得賣，一路堅守，最後實在資金熬不住了，被迫賣掉時，就是股市低點，這種狀況履見不鮮。

這也是為什麼，股市贏家最喜歡以融資斷頭作為進場點的緣故，當最不想殺股票的人都殺出了，那還有什麼人會賣呢？沒有人再往下砍，有能力把最後一波殺盤的股票收走的人，自然就是贏家。

財經筆記

融資償還
　　用現金補齊融資買進的借款（含利息），讓手中完全持有現股，之後就不會被追繳或斷頭（券商強制賣出持股）。

---

2. 股價大跌，會影響日常生活嗎？股市中也有許多投資失敗的個案，並非看錯趨勢，而是因為口袋不夠深，無法等到市場來證明「你是對的」就被淘汰了，這是犯了投資決策的錯誤，買得太早、太貴，或是太多；因此，即使沒有融資，但當投資發生重大虧損時，應該馬上問自己：「這些持有股票的市值增減，對生活有沒有影響？」

　　面對大跌的股市，最好的操作，就是把持股部位降低到可以長期抗戰的水準，也就是說，無須將手中股票全數變現，只要能日常生活無虞，並在安全範圍內留下投資生路即可，這樣才有機會反敗為勝、重新再來。若是固執硬撐，往往是斷頭出場。

　　記住投資大師科斯托蘭尼（André Kostolany）的名言：「只有長期不須動用的資金，才可以拿去投資。」

　　3. 弱勢的持股，需要調整嗎？股災剛發生時，好股、爛股一起遭殃，但到了反彈的時候，有些股價彈得又快又急，甚至再創新高，有些卻始終低迷不振，躺在地板上動彈不得。因此，診斷第 3 步，就是檢視持股內容，進行汰弱留強的動作，可以從買進的理由是什麼？可否隨時間降低成本？這 2 個標準來思考。

　　在買進理由方面，仔細分辨當初買進個股的動機，是短線投機？或是中長期投資？若是投機不成，就不應該留戀，這類股票是最先要出清的對象。如果該股過去的營運體質還不錯，就要好好檢視當初去買的原因是否還在，若不見了，那麼也該出清或降低持股。

　　至於時間能否降低持股成本，當一檔股票變成長期投資時，既然投資性質改變，檢視的標準就必須跟著改變。處於股市下挫期間，通常持股成本就會相對變高，此時只能用時間換取空間（價格），將眼光放到每年配股、配息上，看能否有效降低持股成本，直到市場度過低迷再度回升。

階段 3：處理持股

　　了解持股內容、多寡後，才能準確進行危機處理中的「處理」階段，也就是一般人最常問的，賣多少？怎麼賣？才有辦法盡可能減少虧損。

　　當投資發生危機時，持股水位應該要降到多少才適當？投資人可以先問問自己，認為合理的持股比率是多少，就應該降到那個數量。

　　但我更建議，最適合的水準是，降低持股到「資產配置上願意持有的股票上限再打 7 折」，比如說，在正常狀況下，你願意持股金額的上限是 1,000 萬元，那此刻應該只留 700 萬元的股票，騰出 300 萬元現金。

　　從前面關於資金配置的章節，我已經說過，留有現金的目的，是基於流動性的考量，等好的投資標的出現時，才有多餘的資金可以投入以提高報酬率。要知道，從數學的觀點來看，當股市從 9,000 點跌到 3,000 點是跌 6 成，但是一旦打底完成，從 3,000 點重回 9,000 點，卻是漲3倍！如果手中沒有現金，即使好股票的股價跌到歷史低檔，也只能徒呼負負。

　　決定持股比例之後，再來就是考量賣哪些股票。我通常會考慮，具備時間拉長、成本也會跟著下降的高股息殖利率個股，就是優先留下來的對象。另外，同類型股票進行換股時，尤其是景氣循環股，最好換到龍頭公司。主要原因是，當股市走進空頭循環，小企業比較難以度過艱難的景氣，即便撐過去了，也難再重

啟成長動力。所以應該調整為同性質且為龍頭企業的標的，可以降低風險。

以晶圓代工龍頭台積電與聯電為例：當 2000 年景氣高峰反轉向下，台積電股價從 222 元高點（2000 年 2 月 11 日盤中最高價）剩下約 90 元（2000 年 10 月 17 日盤中最低價），此時聯電也僅剩不到 60 元。數年後，來到下一個循環高峰，台積電還原權值已經解套獲利，聯電股價依舊向下沉淪。

決定好如何調整持股內容後，接著就要分 3 階段出脫：

1. 大跌段先賣弱勢股。股價下跌過程中，一般人基於跌得少，或是還有獲利的理由，都習慣先賣強勢股，然後留下弱勢股。殊不知，行情出現反彈時，都是強勢股先止跌反彈，而弱勢股的彈幅往往不到強勢股的一半。因此，要減少虧損，應該要斷然先出清弱勢股，反過來看，要判斷持有股票的強弱勢，在大跌時最容易分辨。至於強勢股，通常在盤中都會出量試圖拉抬，縱使最終不敵大盤而收跌停，只要指數止穩，必然有強勢彈升。

2. 反彈段減持強勢股。利用反彈的機會減持強勢股，到達預設的持股比。

3. 將部位調整為長線持股。趨勢中的產業、業績成長股、高股息殖利率個股等，通常具備跌少、漲多的特性，在股市反轉向下時，這些類型的股票具有抗跌功能，但一當行情看俏，則上漲力道強勁；進行危機處理時，手中要留的股票類型最好是這種長線股。

　　蒙受巨額虧損時，危機處理便是最後一道防線，永遠要記住，唯有堅守在市場中，才有獲利機會，一旦出局，就只能留下遺憾。這是股票投資最後一堂課，也是最重要的一堂課。

危機處理範例

　　假設以現金 100 萬元融資買進 250 萬元唐鋒（4069）、台化（1326），但在大盤回檔後總共虧損 2 成，持股總價僅剩 200 萬元。

階段		診斷
1. 認知投資錯誤		檢討投資策略，不應該融資買進投機股唐鋒。
2. 投資診斷	融資與否？	診斷發現手中現金不足融資現償，決定降低持股水位。
	股價大跌，會影響日常生活嗎？	診斷發現，如果進一步虧損、追繳，將會吞沒所有存款，因此決定優先降低融資水位。
	弱勢的持股，需要調整嗎？	唐鋒：投機動能逐漸失效，應該賣出。 台化：配息穩定、產業尚在高峰，成本可隨時間拉長而降低，適合留下。
3. 處理持股	賣多少？	將以融資買進的唐鋒全數出清。
	賣什麼？	遇到反彈就先將弱勢股唐鋒賣出。
	怎麼賣？	將剩餘資金轉進強勢股台化，等待大盤落底回穩。

投資最高準則：
勇敢停損、莫忘停利

　　當我們從判斷行情位置、決定選股方向，並學會資金配置後，幾乎已經站上投資獲利的成功舞臺；不過，許多人即使用心擬定策略，跟上股市飆漲的列車，卻也容易在來不及享受美好果實之際，再度敗下陣來。

　　投資沒賺到錢，只得到悔恨，常常不是因為不懂投資，而是在轉折點上，忽略了風險管理。雖然在前面的投資步驟中，我已經再三灌輸風險管理的概念，但是，作為本書的最後一篇文章，我想要單獨針對風險管理的脈絡再仔細闡明，提醒散戶投資時要注意的風險意識。

　　風險管理的目的不是追求最高報酬率，而是避免陷入投資風險裡受傷，最好從以下 4 點來著手，以確保戰果和降低風險，分別是：控管持股比率、限定融資金額、勇敢停損、莫忘停利。

要件 1：控管持股比率

不同階段的持股比率最容易左右報酬率與風險的高低，因此控制持股比率是風險管理的第一課，可以分為「整體持股比率」與「個股持股比重」兩部分來談，整體持股比率又可以再分成金字塔型及倒金字塔型兩種操作。

1.「金字塔型」操作整體持股比率

「逢高出脫，逢低承接」是最理想的股市投資狀態。就整體持股比率而言，在低檔時承接股票，此時的持股比率最高，並隨著股價向上攀升，逐步出清；等到股價來到最高點，此時手中的持股比率反而已經降到最低，這就是「金字塔型」的操作。

要真正做到這種操作法的人，大都屬於很有投資紀律與執行力的人，最後都會是投資的贏家，但也需注意以下 2 點風險管理原則：第一個是大趨勢方向要先掌握。雖然「逢高出脫，逢低承接」是股市投資的獲利法則，但是如果股市長期趨勢往下，就算逢低承接，也會讓自己越陷越深。這也是為何人家常說：「股市新手套高檔，股市老手套反彈。」因為老手喜歡摸底，而反彈最容易被人錯認為底部。

若沒有認清長期趨勢的方向，只是修正到「中點」的反彈，而未到「終點」，那麼當下降趨勢還沒改變時，千萬不要在還沒衡量口袋夠不夠深時，就盲目一直加碼。金融海嘯發生之際，連

股神巴菲特（Warren Buffett）這樣的老手都公開認錯，說他太早進場，所幸資金控管得宜，口袋夠深，才能夠忍受巨額虧損。

　　第二個是可能回檔幅度的判斷要正確。有時我們在判斷逢低承接點的時候，會誤以為從高檔修正 3 成至 4 成已經很多了，但最好不要只看「起跌點」，也要注意「起漲點」。

　　一個大波段行情結束，回檔 3 成就止穩，其實算是非常強勢；尤其是一個千點以上或者超過 1 年的行情，通常拉回至漲幅的一半，甚至 2/3 都不為過。

　　特別是長時間的上漲，個股表現更往往有倍數的漲升，所以 3 成至 4 成跌幅根本不算什麼，若從起漲點算起，可能還是有上倍的報酬率，也就是說下檔風險還是很大，因此回檔 3 成可能才剛剛起跌，後面或許還有大幅下修的空間。所以判斷時，不能只從高點看起，一定要參考起漲的位置，尤其是對個別公司的價格研判。

　　過去許多投資人受到重傷的原因，就是誤以為股價已經修正一半，沒想到再度腰斬，剩下 1/4 的價格。舉例來說，光洋科（1785）在 2007 年 7 月，股價創下 367 元的最高點後開始下挫，最低修正到 84.4 元，跌幅高達 77%，相當驚人。

　　如果你在腰斬的價格，也就是 183 元左右進場，就要眼睜睜看著股價再腰斬一次，因為這檔股票是從 30.1 元起漲，就算跌到 183 元，那時還有高達 5 倍的漲幅呢！

圖表 3-19　光洋科（1785）股價圖

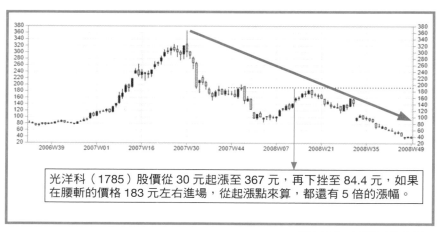

光洋科（1785）股價從 30 元起漲至 367 元，再下挫至 84.4 元，如果在腰斬的價格 183 元左右進場，從起漲點來算，都還有 5 倍的漲幅。

資料來源：台灣股市資訊網。

2.「倒金字塔型」操作整體持股比率

　　有些投資人喜歡跟隨市場成交量多寡來交易股票，也就是當股市買氣熱絡、成交量越大，交易量與持有股票也越多，這種「倒金字塔型」操作也被稱為「交易員型」（Trader），包括國內證券公司的自營部門，通常都是採取這樣的方式。

　　採取「倒金字塔型」操作時，應該留意要以 20 天均量（即月均量）為判斷標準。當大盤月均量往下時，便應該減少持股。當跟隨成交量多寡來操作時，大部分的持股成本都很高，一旦成交量萎縮，股價下跌，很容易一下子就吃掉獲利，因此當發現大盤月均量或是持有個股的月均量往下時，代表後續追價動能不

強，股價有可能翻黑，應該要早早降低持股。

另外，此交易法最忌諱逢低攤平，在高檔持股偏高的情形下，一旦套住了，立即停損才是應該做的考量重點。

3. 個股持股比率

除了整體部位控管外，個別股票的持股比率也要控制，金字塔型操作者大概以 5 檔持股上下會比較好照顧。

也就是說，單一持股占總部位的 20％上下，最多不要超過 3 成（根據經驗這樣報酬率會較高），若是倒金字塔型者，就要分散投資標的，甚至到十餘檔股票，避免風險集中在單一個股上。

要件 2：限定融資金額

我們在前面的篇章也介紹過，如何利用融資擴大報酬率，但是融資如同兩面刃，可以獲利、也可以傷身，因此融資的控管也很重要，在風險管理的處理上有 2 步驟：

1. 在報酬率達到 15％至 20％時就實現獲利

假設在一開始投入的資金為 100 萬元，利用融資方式可以買進市值 200 萬元至 250 萬元的股票，此時若是操作順利，我會建議，當報酬率達到 15％至 20％的時候，就實現獲利（賣出後當然可以再買回）。

　　這樣有一個好處，就是買進成本墊高，才不會因為成本低而失去對風險的警覺心，接著因為淨值增加，可以融資的額度也會同步增加。

2. 持股市值上限不擴增

　　以投資 100 萬元，獲利 20 萬元為例，此時淨值達 120 萬元，若是再透過融資方式，可以買進市值 240 萬元至 300 萬元的股票，但此時的持股市值上限仍應維持在 200 萬元至 250 萬元間，保留多餘資金或者減少融資金額，如此可以避免行情一旦反轉，持有部位有過高的風險，等行情到一個階段，也出清所有持股，再重設初期準備投入的金額。

要件 3：嚴格執行停損

　　停損沒有一定的規範可依循，基本上以個人能夠容忍的虧損上限為原則，大部分則以 20％為一個基準，一到這個警戒線便應該嚴格執行停損工作，等心態歸零重新思考後再進場。

　　有的人在出脫股票後，因股價上漲便貿然追回，這是最危險的事，通常都會落入殺低追高的下場。此外，當個股買進的理由消失，或者買進的個股股價並未如預期反映，縱使虧損也應該停損出場，勇敢承認自己看錯股票，也別拿錢來賭氣。

要件 4：回檔 3 成宜停利

如果持有現股，股價續強，就應該讓它盡量漲，但若回跌了，該何時停利？我建議以獲利的 3 成為上限，如一檔股票已經賺進 100 元，一旦股價開始下跌，回吐達到 30 元時，就應該當機立斷進行停利動作。

有些投資人沒有設定停利點，結果在股價反轉時，因高點沒賣，一直等待不願出脫而忽略趨勢的變化，最後變成虧損出場。停利其實比停損更困難，因為挑戰的是人性的貪婪，唯有戰勝貪婪，才能避免自己落入險境。

停損與停利是風險管理的最後關卡，停損可以避免讓自己陷入無可挽回的地步，而停利則是避免來去一場空，錯過了行情。

風險管理不是幫投資人創造高報酬率，但卻是累積戰果必須做的事，一次成功誰都能達到，但如何成功擴大戰果才是重點，風險管理便是其中一項，相信只要掌握此要件，投資之途必可更加順遂。

附錄
2011 年至 2021 年投資大事紀

2010 年

● 兩岸簽署 ECFA 協議

　　兩岸於 6 月 29 日簽署 ECFA 協議，內容包含貨品貿易（簡稱貨貿）、服務貿易（簡稱服貿）、投資保障以及爭端解決等項目。於 2013 年起，臺灣出口中國 18 項農產品及 521 項貨品，中國進口臺灣 267 項貨品免關稅。

　　簽署 ECFA 協議後，台股自谷底反彈，從 7,330 點漲至 9,220.69 點，漲勢超過 6 個月。

　　截至 2022 年 5 月，臺灣貨品出口減免關稅共計 89.8 億美元，中國貨品進口減免關稅共計 9.09 億美元。服貨部分，截至 2022 年 6 月，陸資來臺共計 4 億 8,214 萬美元，臺灣赴中國投資共計 10 億 1,346 萬美元。

圖表 1　兩岸簽署 ECFA 協議時的台股走勢圖

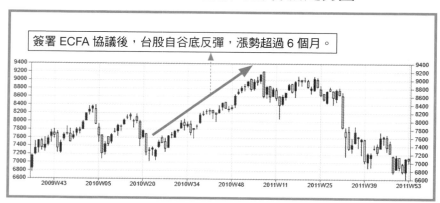

資料來源：台灣股市資訊網。

2011年

• 美國第 2 次量化寬鬆政策

　　美國自 2010 年 11 月 3 日至 2011 年 6 月 30 日執行第 2 次量化寬鬆政策，宣布聯準會預計購買 6 千億美國公債。大量美元湧現，使得各國匯率大幅升值，新臺幣從 2008 年金融海嘯時的 33 元左右，一路升至 28.8 元。

• 日本 311 大地震

　　3 月 11 日日本發生規模 9.0 海溝型地震，嚴峻災情重創日本股市，下跌近 2,000 點並影響各國股市，其中台股下跌約 300 點。

圖表 2　311 大地震時的日經指數走勢圖

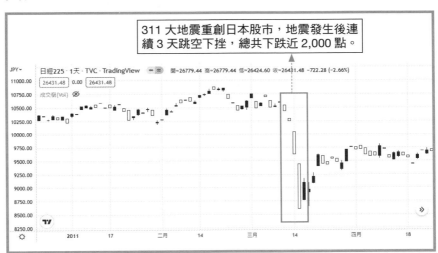

資料來源：TradingView。

● 希臘債務危機、歐債危機

希臘自 2009 年底國債急速增長，歐洲各國於 2010 年啟動強化監管機制，嚴格監督希臘財政狀況，要求執行一系列緊縮開支措施。

但歐洲地區有經濟危機的國家，尚有愛爾蘭、義大利、西班牙及葡萄牙，希臘危機僅是序幕，整體歐債危機最終影響全球股市，台股大跌約 21％，甚至超過德、法、英等當時歐盟國家。

2012 年

● 油電雙漲、9 度下修當年 GDP

4 月時油價調漲，5 月時電價調漲，民生、商業、工業都遭受影響，GDP 因此從 4.07％下修至 3.55％。股市中也出現受惠股及受害股兩大族群，受惠者為節能概念類股，受害者則包括塑膠、鋼鐵、紡織等製造業。

● 復徵證券交易所得稅

臺灣股市第 3 次全面開徵證券交易所得稅（簡稱證所稅），方案公布後，股市成交量一度僅剩約 433 億元，達到 3 年 4 個月以來的最低點。在稅收情況不如預期及爭議不斷之後，最終僅實施 3 年即宣告廢除。

● 美國財政懸崖

美國長期以來實行的多項減稅優惠措施將於年底到期，同時政府也將啟動降低赤字機制，使得產業及一般民眾賦稅增加，經濟成長縮減。然而美國政府迅速反應，在隔年 1 月 1 日即通過多項法案，解除危機。

2013 年

● 美國聯準會縮減量化寬鬆

　　美國經濟在歐債危機之後，藉由量化寬鬆政策得到穩定，聯準會即在 12 月中決議，將從 2014 年 1 月起縮減量化寬鬆，全球資金大規模流動，台股亦進入短期修正。

2014 年

● 太陽花學運

　　因抗議《服貿協議》強行通過審查，學生及公民團體在 3 月 18 日發起社會運動，並占領立法院長達 24 天。台股在 3 月 20

圖表 3　太陽花學運時的台股走勢圖

學生及社會團體於 3 月 18 日占領立法院，台股在 3 月 20 日跳空下跌，在政府基金強力護盤下才止血。

資料來源：台灣股市資訊網。　　263

日跳空下跌，隨後 3 天共下跌 250 點，在政府基金強力護盤下才止血。

● 史上最大加稅案三讀通過

　　5 月 16 日三讀通過《加值型及非加值型營業稅法》、《所得稅》部分條文，內容包括股利的可扣抵稅額減半、金融保險業的營業稅率調至 5％，大股東可扣抵稅額減少，並增加年收入破千萬者所得稅門檻 45％，即是所謂的「富人稅」。

2015 年

●「房地合一稅制」三讀通過

　　因應歐美主要市場都沒有漲跌幅限制，台股從 6 月 1 日開始，將漲跌幅限制從 7％ 調升至 10％，以與國際接軌。

　　6 月亦三讀通過「房地合一稅制」，從 2016 年 1 月 1 日起，臺灣房地產進入「實價課稅」階段。

● 馬習會

　　總統馬英九與中國國家主席習近平於 11 月 7 日會面，是兩岸領導人 66 年來的首度會面，股匯市都受到激勵，台股更提早反應，在 11 月 5 日即站上 8,871.87 點。

2016 年

● 川普當選美國總統

川普於 11 月 8 月確定當選美國總統，開啟川普新政，美國股市出現慶祝行情，全球股市也隨之上漲，台股即從 8,879.69 點一路漲至 11,246.18 點，漲勢長達一年多。

圖表 4　川普當選美國總統時的美國 3 大指數走勢圖

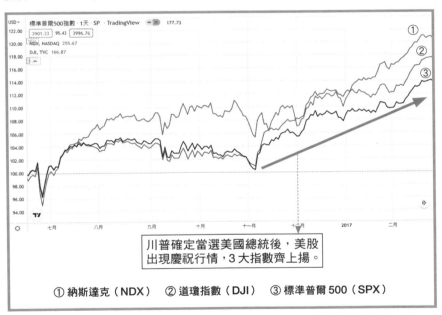

川普確定當選美國總統後，美股出現慶祝行情，3 大指數齊上揚。

① 納斯達克（NDX）　② 道瓊指數（DJI）　③ 標準普爾 500（SPX）

資料來源：TradingView。

● 英國脫歐公投

英國於 6 月 23 日舉辦脫離歐盟公投，投票結果為脫離歐盟。全球股匯市立即震盪，全球股市市值蒸發 2.1 兆美元，英鎊對美元匯率跌至 31 年來最低點，歐元兌美元匯率下跌 2.6％。

● 美國 10 年來第 2 度升息

聯準會在 12 月 14 日宣布升息 1 碼，股市並未如預期下挫，美國 3 大指數跌勢僅維持 3 天，隨後即恢復上揚。

2017 年

● 當沖證交稅稅率減半

現行證交稅條例自 4 月 28 日起實施，當沖證交稅稅率由 0.3％減半至 0.15％。

● 集中市場日均值重返千億元

台股集中市場平均每日成交量金額，自 2012 年衰退至新臺幣千億元以下，僅 809.5 億元，之後連續 6 年都未突破，直至 2017 年才重返千億元以上，達到 1,198 億元。

圖表 5　台股集中市場平均每日成交量金額

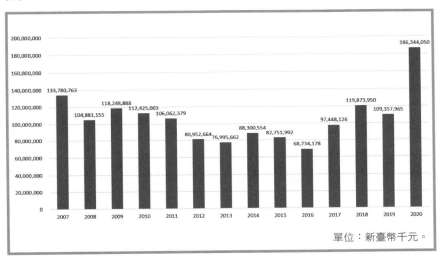

單位：新臺幣千元。

資料來源：臺灣證券交易所。

2018年

● 中美貿易戰開啟

美國總統川普在 3 月啟動對中國貿易關稅制裁，造成全球供應鏈大洗牌，供應美國市場為主的產品，產業鏈移出中國，而供應中國及其他非美國市場的產品，則續留中國，結束「一地獨大」現象。

● 華為副董事長孟晚舟遭捕

12 月 1 日時，孟晚舟因華為涉嫌違反美國出口管制，向伊朗出售「敏感科技」，而於加拿大溫哥華機場被補，全球股市皆遭受波及。台股中，華為供應鏈夥伴台積電及亞洲同業鴻海，股價皆連續兩天跳空下挫。

圖表 6　孟晚舟遭捕時的
　　　　台積電（2330）及鴻海（2317）股價圖

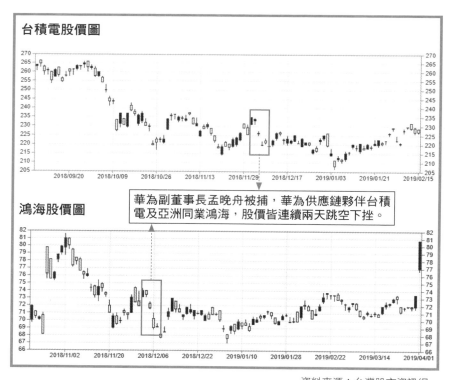

資料來源：台灣股市資訊網。

2019 年

● 新冠肺炎爆發

　　2019 年末於中國武漢出現疫情，2020 年初即迅速擴散至世界各國。全球股市皆從 2020 年 2 月中開始重挫，跌幅超過 25％，防疫措施讓大多數國家經濟衰退，航空、旅遊、零售業首當其衝，但製藥公司順勢崛起。

2020 年

● 拜登當選美國總統

　　拜登於 11 月 3 月確定當選美國總統，美國 3 大指數一致上揚，漲幅甚至高於川普上任時。

● 全球央行振興計畫

　　新冠肺炎疫情從亞洲擴散至歐美，各國民生幾近停擺，重挫經濟，全球央行提出振興計畫，共撒出 22 兆美元，刺激景氣從緊縮轉為擴張，臺灣因此受惠而台股大漲。

2021 年

● 全球半導體缺料

半導體缺貨,影響汽車、手機、筆電等產量一同下滑,但價格反向上揚,使得多數半導體廠商營業利益跟著提高。

● 新冠肺炎疫情導致全球大塞港

塞港讓貨運供給失衡,運價飆升,帶動股價上揚,讓長期低迷的海運股族群翻紅,最高漲幅甚至超過 20 倍。

圖表 7　全球大塞港時的陽明（2609）股價圖

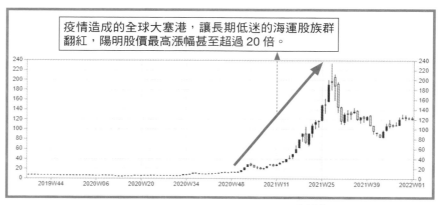

> 疫情造成的全球大塞港,讓長期低迷的海運股族群翻紅,陽明股價最高漲幅甚至超過 20 倍。

資料來源:台灣股市資訊網。

國家圖書館出版品預行編目（CIP）資料

台股大循環操作術：我在台股實踐景氣循環理論，不管牛市或熊市，順
勢挖出大漲5倍股！／黃嘉斌著. -- 初版. -- 臺北市：大是文化有限公司，
2022.11
272 面；17×23 公分
ISBN 978-626-7192-23-8（平裝）

1. CST：股票投資　2. CST：投資技術　3. CST：投資分析

563.53　　　　　　　　　　　　　　　　　　　　111013848

Biz 407

台股大循環操作術

我在台股實踐景氣循環理論，不管牛市或熊市，順勢挖出大漲 5 倍股！

作　　者／黃嘉斌
責任編輯／宋方儀
校對編輯／劉宗德
美術編輯／林彥君
副總編輯／顏惠君
總 編 輯／吳依瑋
發 行 人／徐仲秋
會計助理／李秀娟
會　　計／許鳳雪
版權主任／劉宗德
版權經理／郝麗珍
行銷企劃／徐千晴
行銷業務／李秀蕙
業務專員／馬絮盈、留婉茹
業務經理／林裕安
總 經 理／陳絜吾

出 版 者／大是文化有限公司
　　　　　臺北市 100 衡陽路 7 號 8 樓
　　　　　編輯部電話：（02）23757911
　　　　　購書相關諮詢請洽：（02）23757911 分機 122
　　　　　24小時讀者服務傳真：（02）23756999
　　　　　讀者服務E-mail：dscsms28@gmail.com
　　　　　郵政劃撥帳號：19983366　戶名：大是文化有限公司

法律顧問／永然聯合法律事務所
香港發行／豐達出版發行有限公司 Rich Publishing & Distribution Ltd
　　　　　地址：香港柴灣永泰道 70 號柴灣工業城第 2 期 1805 室
　　　　　　　　Unit 1805, Ph.2, Chai Wan Ind City, 70 Wing Tai Rd, Chai Wan, Hong Kong
　　　　　電話：21726513　傳真：21724355
　　　　　E-mail：cary@subseasy.com.hk

封面設計／林雯瑛　內頁排版／江慧雯
印　　刷／鴻霖印刷傳媒股份有限公司

出版日期／2022 年 11 月初版
定　　價／新臺幣 460 元（缺頁或裝訂錯誤的書，請寄回更換）
I S B N／978-626-7192-23-8
電子書ISBN／9786267192245（PDF）
　　　　　　9786267192252（EPUB）

＊本書提供之方法與個股僅供參考，請讀者自行審慎評估投資風險。